A. POUGIN

Essai historique

SUR LA

Musique en Russie

BOCCA FRÈRES Éditeurs
LIBRAIRES DE S. M. LE ROI D'ITALIE
TURIN
MILAN - ROME - FLORENCE
1897

COLLABORATORI

STRANIERI

Adler G.
Binet A.
Combarieu J.
Courtier J.
Crozals J. (de)
Draeseke F.
Eisenschitz O.
Ernst A.
Fuller Maitland J. A.
Gevaert F. A.
Griveau M.
Grüber E.
Haberl F. X.
Humbert G.
Jadassohn S.
Jullien A.
Kufferath M.
Lussy M.
Mauke W.
Pougin A.
Riemann H.
Saint-Saëns C.
Sandberger A.
Schoultz-Adaïewsky E.
Untersteiner A.
Weckerlin J.

ITALIANI

Arienzo N. (d')
Biaggi G. A.
Blaserna P.
Branzoli G.
Caputo M. C.
Chilesotti O.
Chironi G. P.
Engelfred A.
Favaro A.
Gallignani G.
Gandolfi R.
Giani R.
Iachino C.
Lisio G.
Lombroso C.
Nicolello E.
Noseda A.
Pagliara R.
Piccolellis O. (de)
Pilo M.
Pistorelli L.
Polidoro F.
Pollini C.
Restori A.
Ricci C.
Roberti G.
Scontrino A.
Sincero C.
Tacchinardi G.
Tebaldini G.
Torchi L.
Torri L.
Valdrighi L. F.
Zuliani G.

CONDIZIONI D'ASSOCIAZIONE

La **Rivista** si pubblica in fascicoli trimestrali di 150 pagine circa.
Prezzo del fascicolo separato: L. **4,50**.
Abbonamento annuo per l'Italia L. **12**. — Per l'Unione L. **14**.

Direzione ed Amministrazione presso la Libreria FRATELLI BOCCA
via Carlo Alberto, 3 — Torino.

A. POUGIN

Essai historique

SUR LA

Musique en Russie

BOCCA FRÈRES Éditeurs

LIBRAIRES DE S. M. LE ROI D'ITALIE

TURIN

MILAN - ROME - FLORENCE

1897

Extrait de la *Rivista Musicale Italiana,* tome III, fasc. 1 et 3, 1896, tome IV, fasc. 1, 1897.

TURIN — Imprimerie Vincent Bona.

Essai historique sur la musique en Russie.

PREMIÈRE PARTIE.

Voici tantôt vingt ans que le rapide et prodigieux développement de l'école musicale russe préoccupe le monde artistique et a attiré sur elle l'intérêt et l'attention de l'Europe entière. On savait bien auparavant qu'un grand artiste était né en Russie, que cet artiste avait nom Glinka, et qu'il avait doté son pays de deux œuvres superbes: *la Vie pour le Tsar* et *Rousslan et Ludmila*. On connaissait aussi les noms de deux ou trois autres compositeurs, tels que Séroff et Dargomijsky, mais on ignorait encore que l'art avait poussé en ce pays des racines si riches et si profondes, et, pour nous autres Français en particulier, ce fut une révélation que les beaux concerts russes organisés à Paris par Nicolas Rubinstein à l'occasion de l'Exposition universelle de 1878, concerts qui nous firent connaître des artistes dont nous savions à peine les noms et des œuvres que nous ignorions complètement. Depuis lors, la jeune école russe, si active, si laborieuse, si ardente, a continué sa marche en avant; elle ne s'est pas bornée à affirmer de plus en plus chez elle son existence et ses progrès, elle s'est répandue au dehors, en Allemagne surtout au point de vue dramatique, en France surtout au point de vue symphonique, de sorte qu'aujourd'hui les noms des artistes qui la composent sont devenus populaires de tous côtés, en même temps que leurs œuvres sont devenues familières à tous ceux qui s'occupent avec amour de toutes les grandes questions artistiques.

Il n'est point aisé pourtant d'esquisser, en dehors de la période contemporaine, une sorte d'historique de la musique russe. L'école actuelle, si brillante, si personnelle, n'a pu surgir tout d'un coup des entrailles de la terre, et il n'est pas sans intérêt de rechercher comment elle a pris naissance, à la suite de quels travaux, de quels essais, de quelles tentatives. Mais c'est ici que l'embarras commence. L'ignorance générale de la langue interdit à ceux qui voudraient se livrer à cette recherche la possibilité de remonter aux sources, et je crois d'ailleurs que, même en Russie, il n'existe pas encore une histoire proprement dite de l'art national. Tout au plus certains travaux, assez nombreux d'ailleurs, relatifs soit à certains chapitres particuliers de cette histoire, soit à quelques-uns des artistes, contemporains ou à peu près, qui y occupent une place importante. Ma prétention ne va donc pas, comme on peut le croire, jusqu'à tracer en ces pages une histoire de la musique en Russie, et je considère ma tâche comme beaucoup plus modeste. Ce n'est ici, comme l'indique le titre que j'ai adopté, qu'un simple essai, quelque chose comme une série de notes, accompagnées d'impressions personnelles, sur cette histoire encore à faire, notes et impressions uniquement destinées à faire connaître toute l'importance du mouvement qui s'est produit depuis un demi-siècle en Russie touchant l'art musical. Si incomplet que soit ce travail, j'ai l'espoir que la lecture n'en sera pas inutile à ceux qui veulent se tenir au courant de tout ce qui intéresse les progrès de l'art chez les différents peuples de la vieille Europe, et je m'excuse d'avance de ce qu'il présentera forcément d'incomplet ou de défectueux.

I.

C'est dans la musique religieuse et dans le chant populaire qu'il faut chercher les véritables origines de l'art musical russe. Un des plus savants musicographes de ce pays, M. Youry Arnold, l'a démontré dans un ouvrage publié en langue russe, et il avait élucidé cette question dans deux écrits publiés en allemand à l'époque où il était, à Leipzig, rédacteur en chef de la *Neue Zeitschrift für Musik*, le journal fondé naguère par Schumann et qui devint ensuite l'organe du grand parti wagnérien. Le premier de ces écrits était intitulé *Die Tonkunst in Russland bis zur Einführung des abendländischen Musik und Notensystems* (Leipzig, 1867); le second, qui formait une série de huit articles insérés dans le journal que je viens de nommer, avait pour titre *Die Entwickelung der russischen Nationaloper*. On sait quelle est la saveur, quelle est l'originalité à la fois tonale, rythmique et mélodique du chant populaire russe, que tous les compositeurs de ce pays, depuis Glinka, ont su mettre à profit et à contribution avec tant d'intelligence, et qui est une des causes de la personnalité de l'art actuel. Un autre écrivain russe, M. Hermann Laroche, en a décrit les effets non seulement avec talent, mais avec une sorte de mouvement d'orgueil tout à fait légitime. Voici comment il parle de cette mélodie populaire si étrange et si caractéristique:

Cette mélodie, avec sa marche piquante et imprévue, ses fantaisies et ses soubresauts, ses dessins de fioritures gracieuses; cette harmonie, avec son système d'accords d'une transparence cristalline, avec ses cadences plagales et phrygiennes qui ouvrent à l'âme de si vastes perspectives; ce rythme qui prend si franchement ses aises, et dans sa liberté illimitée déroule si capricieusement les diverses formes du mouvement, tout cela ne nous peint-il pas le peuple russe? Ne voyons-nous pas se refléter là, comme dans un microcosme inconnu, la rude liberté d'allures qui caractérise l'homme russe, son esprit clair et sobre, son besoin d'une large commodité, son antipathie pour toute gène et toute entrave? Enfin cette opulente floraison musicale, cette inépuisable variété de créations jaillissant spontanément du sol, comparées à notre stérilité dans les arts plastiques et figuratifs, ne montrent-elles pas la profondeur de notre vie intime, le riche lyrisme de notre nation, caché sous la rudesse et la misère des formes antérieures? Eh bien, soit! la nature chez nous manque de pittoresque, nos costumes sont abominables, toute notre organisation se dérobe à la brosse du peintre et au ciseau du statuaire, je veux l'admettre. Mais notre chant populaire offre un accent si profond, une variété si séduisante et une nouveauté si parfaite de formes, que nous pouvons porter nos regards vers l'avenir avec une entière confiance, et envisager d'un œil assuré les destinées artistiques de notre pays. Notre chant national nous est un sûr garant de la valeur de la musique russe, et suffirait à prouver nos aptitudes esthétiques. Mais ce témoignage n'est pas le seul: nous pouvons avec orgueil nous réclamer d'un grand artiste russe, qui, nourri à l'aide du chant populaire, a su en conserver le caractère dans d'immortels ouvrages, et par là peindre le peuple russe, dans ses particularités les plus intimes, d'une manière inimitable. Cet artiste, ce maître, c'est Michel Ivanovitch Glinka (1).

---

(1) HERMANN LAROCHE: *Glinka et son rôle dans l'histoire de la musique.*

Un autre écrivain russe, qui, quoique militaire, est aussi un compositeur pratiquant, M. César Cui, a parlé, de son côté, des chansons populaires, en abordant le point de vue technique:

Les chansons populaires russes, dit-il, se tiennent d'ordinaire dans un diapason fort restreint, ne dépassant que rarement l'intervalle d'une quinte ou d'une sixte. Et plus la chanson est ancienne, moindre est l'étendue de son diapason. Le thème est toujours court; il en est qui se bornent à deux mesures, mais ces mesures se répètent autant de fois que l'exige l'ampleur du texte.....

Les mélodies populaires se chantent à une voix ou en chœur. Dans ce dernier cas, c'est une voix seule qui commence, et la chanson est reprise en chœur. L'harmonie de ces chants se conserve par tradition ; elle est fort originale. Les différentes parties du chœur se resserrent ou s'écartent, se rapprochent jusqu'à l'unisson ou forment un accord; mais souvent ces accords ne sont pas remplis. D'ordinaire, la mélodie polyphone se termine par un unisson.

Les chansons à une voix sont fréquemment accompagnées par un petit instrument à cordes nommé *balalaïka* (espèce de théorbe, à corps triangulaire, dont les cordes sont ou pincées ou mises en vibration par **un** *glissando*). Quant aux chansons chorales, il est assez rare qu'elles aient un accompagnement; cette partie, quand elle existe, est exécutée par une espèce de hautbois, qui improvise sur le fond de la mélodie une variété de dessins en contrepoint, peu conformes sans doute aux règles sévères de l'art, mais fort pittoresques.

On peut classer de la manière suivante les chansons populaires russes: *rondes chantées*, chœurs exécutés les jours de fête, et accompagnant certains jeux et certaines danses; *chansons à sujets occasionnels*, dont l'épithalame est le genre le plus cultivé; *chansons des rues*, sérénades en chœur, joviales ou burlesques; *chansons des bourlaks* ou *haleurs de bateaux*; *mélodies* à une voix, de tout genre et de tout caractère.

J'ai déjà dit incidemment quelques mots de la valeur intrinsèque des chansons russes, au point de vue esthétique et artistique; je ne puis me dispenser d'insister sur ce sujet. C'est vraiment quelque chose d'inestimable que leur variété, le sentiment expressif qu'elles renferment, la richesse et l'originalité de leurs thèmes. Il en est qui se distinguent par leur mâle énergie, tantôt d'une fougue sauvage et sans frein, tantôt d'une tranquille et majestueuse dignité. D'autres sont gracieuses et sympathiques, ou bien d'une insouciante gaîté. Beaucoup sont empreintes d'une profonde mélancolie; on y devine la douleur cherchant à s'épancher, la soumission passive aux rigueurs d'une destinée cruelle. Celles-ci chantent dans le beau fixe de l'idéal le plus serein, émanent d'une source toute de poésie, sans troubles, sans nuages: une belle âme, un cœur aimant s'y révèle;

celles-là sont solennelles, magistrales, grandioses, l'inspiration y est d'un jet large et magnifique..... (1).

Cette mélodie populaire, dont les Russes sont justement fiers et qui est si curieuse à tous égards, devait faire tout naturellement l'objet de nombreux travaux, et fort intéressants. Des artistes fort distingués ont publié de nombreux recueils de chants populaires, dont le texte authentique, recherché et transcrit avec le plus grand soin, l'exactitude la plus scrupuleuse, est harmonisé avec un tact et une habileté qui lui conservent précieusement son style, sa couleur et son caractère. Le plus ancien de ces recueils est celui de Pratsch, un musicien distingué de Prague; il ne renferme pas moins de 149 chansons et fut publié pour la première fois en 1790; on en a fait une seconde édition en 1815, en deux volumes. C'est là que Beethoven a pris les thèmes russes dont il s'est servi dans ses quatuors dédiés au comte Razoumoffski. Le compositeur Balakireff a donné, en 1866, un recueil de 40 chansons, et M. Rimsky-Korsakoff en a formé un autre de 100 chansons. Je ne saurais citer toutes les publications de ce genre.

La musique religieuse, qui, avec le chant populaire, a été l'un des éléments constitutifs de l'art moderne en Russie, n'a pas été étudiée avec moins de soin par les maîtres de la jeune école. L'une et l'autre se confondent et se mêlent d'ailleurs volontiers, et l'on retrouve dans un très grand nombre de chansons et de mélodies nationales les formes et les tonalités de l'ancienne musique grecque. M. Hermann Laroche nous apprend que les modes dorien (gamme de *mi* sans accidents), éolien ou hypo-dorien (*la* mineur sans note sensible) et hypo-phrygien (*sol* sans *fa* dièse) se partagent la musique populaire.

Il va sans dire que la musique religieuse a donné lieu, elle aussi, à des publications nombreuses et à des travaux intéressants. Par les soins de la chapelle impériale de St-Pétersbourg il a été fait de bonnes éditions des chants sacrés de l'Église russe, harmonisés de diverses façons, et la Société des amateurs d'anciens manuscrits russes a publié en *fac simile* deux anciennes grammaires musicales. Les

---

(1) César Cui: *La Musique en Russie*.

recherches historiques n'ont pas manqué non plus. De nombreux mémoires sur ce sujet ou ont paru séparément ou ont été insérés dans les bulletins de diverses sociétés savantes. D'autre part, le prince Nicolas Youssoupow, bien connu par son dilettantisme éclairé, a donné, en français, une *Histoire de la musique religieuse en Russie* (Paris, 1862), d'une lecture malheureusement un peu laborieuse, mais qui est accompagnée d'un choix de chants d'Église anciens et modernes, et l'on cite avec éloges un autre ouvrage, très important et fort intéressant, que le P. Dmitry Razoumovsky, professeur au Conservatoire de Moscou, a publié, en russe, en cette ville (1867-68, 2 vol.). Enfin, on doit à ce même savant un travail précieux sur les fameux chœurs de chantres de la cour des tsars de Moscou, d'où procède en ligne directe la chapelle impériale actuelle. Ce travail nous apprend que dès le XVe siècle la cour de Moscou entretenait un chœur de chantres, et qu'au siècle suivant, sous le règne d'Ivan le Terrible (qui, par parenthèse, était compositeur, et auquel on attribue au moins la musique d'un cantique), ce chœur était assez bien composé. « On n'y comptait d'abord, dit M. Platon de Waxel, qu'une trentaine de chantres, mais au commencement du XVIIe siècle ce nombre fut doublé. Ils ne chantaient jamais tous ensemble; divisés en plusieurs chœurs distincts, de douze à vingt-huit voix chacun, ils desservaient les différentes églises du ressort de la cour. Deux de ces chœurs étaient attachés à la personne du souverain. Le tsar Alexis, qui aimait, comme son fils Pierre le Grand, à chanter à l'église, fit venir de Kiew des musiciens qui introduisirent dans sa chapelle la notation moderne. Le chant à plusieurs parties à huit, à douze, et même à vingt-quatre voix, obtint bientôt tant de succès que les chantres de la cour le faisaient même entendre au dehors. Ils apprirent un grand nombre de cantiques polonais traduits en russe par le célèbre Siméon de Polotsk et mis en musique par le chantre Vassili Titow. On exécutait également la musique originale des compositeurs polonais. Sous Pierre le Grand plusieurs chœurs attachés aux églises privées des membres de la famille impériale furent dissous, et, à la mort du grand monarque, son chœur particulier, composé de plus de vingt voix, et qui l'accompagnait dans ses voyages et ses campagnes, fut également supprimé. C'est là que s'arrêtent les investigations du R. P. Razoumovsky, mais il est avéré cependant que les chœurs de chantres de la cour n'ont pas cessé d'exister sous les règnes suivants. Le célèbre Alexis Razoumovsky faisait partie de la chapelle impériale du temps de l'impératrice Anne; c'est de là qu'il passa, en 1737, dans celle de la grande-duchesse Elisabeth Petrovna. Il paraît qu'à cette époque la chapelle impériale jouissait déjà de son organisation actuelle, tout en procédant de celle des tsars de Moscou » (1).

On sait quelle est l'immense renommée de ce chœur des chantres de la chapelle impériale, dont les voix, d'une nature, d'un caractère et d'une étendue absolument exceptionnels, sont choisies avec soin parmi les plus belles des paysans de l'Ukraine, la province aux belles voix. Sur l'effet produit par elles et par l'exécution musicale qu'on obtient de ces chanteurs, nous avons le témoignage enthousiaste d'un compositeur français, Adolphe Adam, qui fut admis à entendre la chapelle lors d'un séjour qu'il fit à Saint-Pétersbourg en 1840:

La musique religieuse, dit Adam, est celle qui l'emporte sur toutes les autres en Russie, parce qu'elle seule est typique et n'est point une imitation de celle des autres nations, du moins quant à l'exécution. Le rite grec n'admet aucune espèce d'instruments dans l'église. Les chantres de la chapelle de l'empereur ne chantent jamais d'autre musique que celle des offices, et ont, par conséquent, une extrême habitude de chanter sans accompagnement avec une justesse d'intonation dont on ne peut se faire une idée. Mais ce qui donne un caractère d'étrangeté inconcevable à cette exécution, c'est la nature des voix de basse, dont l'étendue est du dernier *la* du piano à l'*ut* au-dessus des lignes de la clé de *fa*, et qui, doublant à l'octave basse les voix de basse ordinaire, produisent un effet incroyable..... Ces contrebasses vivantes ne sortent jamais de leur rôle de chantres de chœur: ces voix, isolées, seraient d'une lourdeur intolérable, mais leur effet est admirable dans la masse. La première fois que j'entendis cette admirable chapelle, j'éprouvai une émotion que je n'avais jamais ressentie, et je me mis à fondre en larmes dès les premières mesures du morceau ; puis, lorsque l'allegro vint à s'animer et que ces foudroyantes voix lancèrent toute l'artillerie de leurs poumons, je me sentis frissonner et couvert d'une sueur froide. Jamais le plus formidable orchestre ne produira cette sensation étrange et tout à fait différente de celle que je croyais la musique susceptible de faire éprouver. Les voix de ténors sont loin d'être aussi parfaites que les voix de basses, mais elles sont

---

(1) *Journal* (français) *de Saint-Pétersbourg*, du 23 Juillet – 4 Août 1881.

cependant très satisfaisantes. Les soprani sont vigoureux, et il y a quelques jolies voix de solistes parmi ces enfants..... En définitive, la chapelle de l'empereur est une institution unique dans le monde.....

L'un des artisans les plus influents de la perfection de cette chapelle fut le célèbre compositeur Bortniansky. Il serait injuste pourtant de ne pas citer avant lui un autre artiste extrêmement remarquable, Maxime Soznovitch Bérézovsky, son aîné de quelques années, qui, comme lui, fut l'un des pères de l'art musical religieux en Russie. Né dans l'Ukraine aux environs de 1740, Bérézovsky fut admis de bonne heure dans la chapelle impériale, où la beauté de sa voix et ses aptitudes pour la composition attirèrent sur lui l'attention de l'impératrice Catherine II, qui l'envoya à ses frais en Italie pour y terminer les études musicales qu'il avait commencées à l'Académie ecclésiastique de Kiew. Il se rendit donc à Bologne, où il demeura plusieurs années et où, sous l'excellente direction du célèbre P. Martini, il acquit une grande habileté dans l'art d'écrire. De retour en Russie, il mit au jour un assez grand nombre de compositions religieuses qui se distinguaient par leur forme élégante et le sentiment dont elles étaient empreintes, et s'occupa de réformes essentielles à introduire dans l'exécution du chant de l'Église gréco-russe. On assure pourtant que ses efforts sous ce rapport rencontrèrent beaucoup d'obstacles, et Fétis croit pouvoir affirmer que c'est le chagrin qu'il ressentit de leur inutilité qui le conduisit au tombeau et causa sa mort précoce. J'ignore quelle peut être l'exactitude de cette assertion, mais ce qui est certain, c'est que Bérézovsky est aujourd'hui considéré comme l'un des plus grands compositeurs de musique sacrée de son pays.

Quant à Bortniansky (1), il est proprement l'une des gloires musicales de la Russie et, dans son genre, l'un de ses artistes les plus originaux. Lui aussi fit partie des chantres de la chapelle, et il était à peine âgé de sept ans lorsque sa jolie voix de soprano l'y fit admettre. Remarqué par l'impératrice Élisabeth, il fut confié par elle au compositeur italien Galuppi, alors maître de la musique impériale à Saint-Pétersbourg, pour que celui-ci prît soin de son éducation

---

(1) Dmitri Stepanovitch Bortniansky, né en 1751 à Gloukoff, dans le gouvernement de Tchernigoff, mourut le 28 Septembre – 9 Octobre 1825.

musicale. Galuppi ayant quitté la Russie en 1768, l'impératrice Catherine II ne voulut pas que les études du jeune artiste restassent inachevées, et elle l'envoya rejoindre son maître à Venise. Après être resté pendant quelque temps en cette ville, Bortniansky, sur les conseils de Galuppi lui-même, alla étudier ensuite à Bologne, à Rome et à Naples. Durant ce long séjour en Italie, qui ne dura pas moins de onze ans, il commença à écrire un assez grand nombre de compositions dans la forme et le style italiens: musique d'église, sonates de clavecin, pièces diverses, etc. En 1779, Bortniansky retournait en Russie, où il fut bientôt nommé directeur du chœur des chantres, qui, en 1796 seulement, reçut le titre de « chapelle impériale ». Il en conserva la direction jusqu'à sa mort, c'est-à-dire pendant près d'un demi-siècle, et c'est alors qu'il acquit la juste célébrité qui s'attache à son nom. « Dans tout ce qu'il avait produit jusqu'à son retour en Russie, dit Fétis, il s'était inspiré de la musique italienne de son temps; ce ne fut qu'à Saint-Pétersbourg que son génie se révéla dans ce qui constituait son originalité. Le chœur qu'il était appelé à diriger avait été organisé sous le règne du tsar Alexis Mikailovitch; mais, quoique déjà ancien, il laissait beaucoup à désirer pour la qualité des voix et pour le fini de l'exécution. Bortniansky fit venir des chanteurs de l'Ukraine et des diverses provinces de l'empire, choisissant les voix les plus belles, et les dirigeant par degrés vers une exécution parfaite dont on ne prévoyait pas même la possibilité avant lui. C'est par les soins de cet artiste remarquable que la chapelle impériale de Russie est parvenue à l'excellence qui est aujourd'hui l'objet de l'admiration de tous les artistes étrangers. C'est pour ce chœur incomparable que Bortniansky a écrit 45 psaumes complets à 4 et 8 parties dont les inspirations et le caractère sont d'une originalité saisissante. On lui doit aussi une messe grecque à trois parties et beaucoup de pièces diverses » (1).

Tel est le grand artiste auquel la chapelle impériale doit sa réor-

---

(1) Fétis: *Biographie universelle des Musiciens*. — Octave Fouque a dit de son côté, dans son intéressante Notice sur Glinka: « On remarque dans l'œuvre de Bortniansky, outre une messe et des psaumes, une suite de morceaux appelés *Chants des Séraphins*, et qui, en vérité, méritent leur titre, tellement ils sont empreints d'une lumineuse splendeur et revêtent, dans leur grandeur tranquille, un caractère d'auguste et paisible sérénité ».

ganisation, son complet développement et la perfection d'une exécution sans rivale et sans analogue dans aucun pays; tel est le compositeur qui, par ses œuvres, a porté la musique religieuse en Russie à son plus haut point de splendeur. Bortniansky a eu pour successeur, dans la direction de la chapelle impériale, Théodore Lvoff, artiste fort distingué, père du général Alexis Lvoff, qui lui-même succéda à son père dans cet emploi et qui, virtuose d'un ordre exceptionnel sur le violon, compositeur remarquable de musique religieuse, connu par plusieurs opéras, est surtout célèbre comme auteur de l'Hymne national russe, si justement populaire aujourd'hui en France. J'aurai, plus loin, à m'occuper de cet artiste intéressant (1).

II.

Nous sommes, en France, nés à la vie musicale depuis plus de deux siècles. La fondation régulière de notre Opéra remonte à l'année 1671; l'ouvrage considéré justement comme le premier type et la première manifestation du genre de l'opéra comique, *les Troqueurs*, fut représenté à l'ancien Opéra-Comique de la Foire en 1753, et depuis lors on a pu voir se succéder chez nous, sans interruption, toute une série de musiciens puissants ou charmants qui ont porté haut le drapeau de l'art national et ne l'ont jamais laissé fléchir. On peut dire pourtant que ce n'est que depuis un siècle, c'est-à-dire depuis la création du Conservatoire en 1794, que nous possédons réellement une école musicale, c'est-à-dire un groupement d'artistes unis par les mêmes idées, par les mêmes tendances, marchant vers le même but, professant les mêmes principes et donnant, musicalement, les preuves d'un nationalisme très réel, très accentué, autrement dit sinon d'une compréhension, du moins d'une manifestation toute particulière de

---

(1) Le nom de Théodore Lvoff a été omis par Fétis dans sa *Biographie universelle des Musiciens* et par moi-même dans mon Supplément à cet ouvrage. Je ne crois pas, d'ailleurs, qu'il soit mentionné dans aucun dictionnaire biographique publié en dehors de la Russie. Cet artiste fort instruit, mort le 14 Décembre 1836, a écrit, pour la seconde édition du recueil célèbre de chansons populaires russes publié par Pratsch, une préface dans laquelle il fait très justement ressortir l'incontestable affinité qui existe entre la musique populaire russe et la musique grecque.

l'art. Il suffira de rappeler à ce sujet les noms de Berton, Lesueur, Méhul, Boieldieu, Catel, Nicolo, Herold, Auber, Adam, Halévy, etc. C'est donc à dire que, en tant que style, couleur et caractère, notre musique est bien française, et ne ressemble ni à la musique allemande, ni à la musique italienne.

Celles-ci avaient aussi, l'une et l'autre, leur caractère bien tranché, bien marqué, leur originalité propre et ce qu'on pourrait appeler leur autonomie; l'art allemand, puissant, nerveux, plein de grandeur et de poésie, s'exerçant surtout dans le genre symphonique et dans l'oratorio; l'art italien, savoureux, exquis, charmant et plein de séduction, rachetant son manque de profondeur par une grâce enchanteresse, et se manifestant surtout dans le genre scénique, tout en cultivant aussi l'art religieux. Donc, jusqu'en ces derniers temps, trois écoles florissantes et bien distinctes: école allemande, école italienne, école française, celle-ci la dernière venue et la plus jeune en date.

Les choses sont aujourd'hui changées. Depuis la mort de Weber, de Mendelssohn et de Schumann, l'école allemande a disparu, ne laissant debout qu'un colosse au génie aussi inégal que puissant, l'auteur de *Lohengrin* et de *l'Anneau du Nibelung*, mort lui-même à l'heure présente, et ce serait un lieu commun de dire qu'un artiste, quelque grande que soit sa valeur, ne saurait représenter à lui seul une école. Or, quels sont les successeurs de Richard Wagner?.... Je n'en connais pas, pour ma part, et je vois seulement, dispersés à travers l'Allemagne, trois ou quatre artistes plus ou moins distingués: MM. Johannes Brahms, Carl Goldmark, Richard Strauss, impuissants assurément à continuer ou à renouveler les exploits de leurs devanciers et dont les noms pâlissent singulièrement devant le souvenir de ces géants: J.-S. Bach, Haendel, Haydn, Gluck, Mozart, Beethoven.....

D'autre part, l'école italienne, qui se recommandait de tant d'artistes glorieux: Palestrina, Scarlatti, Pergolèse, Porpora, Piccinni, Sarti, Anfossi, Guglielmi, Paisiello, Cimarosa, l'école italienne a rendu son dernier soupir avec les accents de Rossini, de Bellini et de Donizetti. Là aussi nous trouvons un homme de génie, à l'inspiration puissante et chaude, l'auteur pathétique de *Rigoletto*, d'*Aida* et de la messe de *Requiem*. Mais précisément ce génie est si éclatant, si vigoureux que, par sa seule présence, il a démontré la faiblesse de tout ce qui se mouvait autour de lui. En réalité, Verdi reste une exception glorieuse dans la patrie de Palestrina, comme Wagner était resté une exception glorieuse dans la patrie du vieux Bach. Qu'on me comprenne bien: je ne prétends pas qu'il n'y ait plus d'artistes de l'un ou de l'autre côté; je dis que, pour le moment du moins, il n'y a plus, à proprement parler, d'école.

La France restait donc seule sur la brèche (1); elle seule conservait une véritable école musicale, laborieuse et féconde, lorsque loin, bien loin, à l'autre bout de l'Europe, dans ce vaste Empire russe né le dernier à la civilisation artistique, on vit tout à coup surgir comme une nuée de jeunes musiciens au tempérament singulièrement vigoureux, à l'activité dévorante, à la fécondité prodigieuse, au sentiment très original et très personnel, qui réclamaient leur place au grand banquet de l'art et qui venaient l'y prendre sans plus de façons, prouvant du premier coup qu'ils en étaient dignes et que nuls n'y pouvaient prétendre avec plus de droits ni de justice. C'était l'école russe qui se révélait tout à coup, sans hésitations et sans tâtonnements, et qui, en moins d'un quart de siècle, s'épandait sur toute l'Europe et faisait des prodiges de valeur.

Toutefois, on peut bien croire qu'il ne s'agit pas ici d'une génération spontanée. C'est en art, au contraire, c'est en art surtout que l'incubation est longue. Mais les artistes russes avaient eu un avantage considérable. Profitant des travaux de leurs devanciers: Allemands, Italiens, Français, trouvant toute prête à leur usage une technique que ceux-ci avaient mis des siècles à préparer et qu'ils n'avaient, eux, qu'à s'approprier sans efforts préliminaires, ils s'étaient tout naturellement épargné la longue période d'essais, de tentatives, de tâtonnements de toute sorte qui précède toujours la formation d'un art robuste et définitif. D'autre part, vivant pendant longtemps retirés chez eux, n'ayant point été mêlés au grand mou-

---

(1) On voudra bien me faire l'honneur de croire qu'en parlant ainsi je ne me laisse entraîner à aucun accès de chauvinisme artistique. Il n'y a point de chauvinisme, je pense, il n'y a que justice à rappeler tous les noms de ces artistes, les uns glorieux, les autres extrêmement distingués: Charles Gounod, Berlioz, Félicien David, Ambroise Thomas, Bizet, Léo Delibes, Lalo, Guiraud, Poise, Saint-Saëns, Massenet, Reyer, dont, pour la plupart, les œuvres courent le monde depuis près de quarante ans.

vement intellectuel qui, depuis la Renaissance, a secoué le vieux monde européen, ils travaillaient en silence, se recueillaient en quelque sorte, jusqu'au jour où, sûrs d'eux enfin et confiants dans les forces qu'ils avaient en secret accumulées, ils firent en quelque sorte explosion et se présentèrent avec tous les avantages non seulement de la surprise, mais d'une expérience relativement facile et que leurs devanciers n'avaient acquise qu'au prix d'efforts et de travaux sans nombre. Si l'on joint à cela la très réelle originalité dont ils faisaient preuve, la saveur toute particulière qu'ils apportaient dans l'exercice d'un art auquel ils communiquaient une note nouvelle et imprévue, enfin la très grande habileté qu'une étude intelligente et persévérante leur avait fait acquérir, on comprendra sans peine le succès qui les accueillit dès qu'ils se manifestèrent d'une façon sérieuse.

D'ailleurs, le sentiment musical du peuple russe est naturel et très profond; on en a la preuve par les chants, les mélodies populaires si colorées, si savoureuses dont j'ai eu l'occasion de parler et qui témoignent de la faculté créatrice de la race dans cet ordre d'idées. Il était donc inévitable que cette faculté se manifestât un jour, avec les progrès de la civilisation, d'une façon plus haute et dans un sens tout à fait artistique. Il ne lui fallait pour cela que des encouragements, même indirects, et ils ne lui ont pas manqué, car depuis un siècle et demi la musique a été l'objet des soins de tous les souverains qui se sont succédé sur le trône de Russie. L'impératrice Anne, l'impératrice Élisabeth, l'impératrice Catherine, les tsars Paul 1er et Alexandre 1er, pour n'en point citer d'autres, firent tous leurs efforts pour propager dans leurs États le goût et le culte de l'art musical, appelant à leur aide, en qualité de directeurs de l'Opéra, ou de maîtres de chapelle, ou de chefs de la musique particulière du souverain, les plus célèbres compositeurs étrangers, tels que Galuppi, Martini (*lo Spagnuolo*), Paisiello, Sarti, Cimarosa, Boieldieu, Steibelt, etc., attirant chez eux, à prix d'or, les plus grands chanteurs et les plus fameux virtuoses du monde. Ils excitaient ainsi l'amour de la musique chez un peuple naturellement doué sous ce rapport, ils facilitaient son éducation, ils créaient les moyens matériels d'exécution, si bien qu'au bout d'un siècle de ces efforts la musique nationale sortait victorieusement de ses langes et ébranlait le pays par l'éclosion d'une œuvre qui est considérée comme un chef-d'œuvre; je veux parler de l'opéra fameux de Glinka, *la Vie pour le Tsar*, qui est le signal superbe de l'émancipation de l'art national.

L'histoire de ces commencements du dilettantisme russe, à peu près connue dans son ensemble, reste, au moins pour nous autres étrangers, fort obscure dans ses détails. C'est par l'opéra italien, remplacé plus tard par l'opéra français, que la Russie commença son éducation musicale; c'est grâce à l'exemple des compositeurs étrangers que les artistes nationaux, après quelques essais plus timides que nombreux, prirent conscience d'eux-mêmes et purent, au bout d'un siècle, se lancer résolument dans la carrière et donner les preuves de leurs facultés. Mais les documents sont rares sur cette longue période et les renseignements précis malaisés à réunir, surtout pour qui ne connaît pas la langue, et même les ouvrages publiés en Russie (et en russe) restent, je crois, assez incomplets dans leur ensemble. Quelques-uns, qui ne sont pas spécialement musicaux, ne sont guère que des répertoires d'ouvrages représentés, quel qu'en soit le genre, sur les théâtres de Saint-Pétersbourg et de Moscou (1). Il faut donc se contenter d'envisager d'une façon presque superficielle ce chapitre concernant les commencements de l'histoire du théâtre musical en Russie.

C'est en 1735 qu'un compositeur napolitain, Francesco Araja, fut appelé à Saint-Pétersbourg par l'impératrice Anne Ivanovna pour y diriger les représentations d'une troupe lyrique italienne; cet artiste

---

(1) Voici une liste de quelques-uns de ces ouvrages: *Dictionnaire dramatique* (anonyme), publié en 1787, réimprimé en 1881; — *Fondation du Théâtre russe*, par A. Karabanow, 1819; — *Annales du Théâtre russe*, par P. Arapow, 1861 (c'est un répertoire qui se poursuit jusqu'à l'année 1825); — *Chronique des Théâtres Pétersbourgeois*, par A. Wolff, 1877, 2 vol. (continuation du précédent ouvrage, s'arrêtant à la fin du règne de l'empereur Nicolas); — *Aperçu historique de l'Opéra russe*, par V. Morkow, 1862; — *Le Théâtre russe à Saint-Pétersbourg et à Moscou, 1749-74*, par M. Longuinow, 1873; — *Histoire de l'opéra dans ses meilleurs représentants*, par M. K., 1874; — *Aperçu de l'histoire de la musique en Russie au point de vue de la culture et des mœurs*, par Vladimir Mikhnévitch, Saint-Pétersbourg, 1879. A tout cela il faut ajouter l'écrit publié en français par M. César Cui: *La musique en Russie* (Paris, Fischbacher, 1881), écrit relatif particulièrement à la période contemporaine et qui, sous ce rapport, a un peu les allures d'un pamphlet, mais dans lequel on trouve quelques rares renseignements rétrospectifs. J'aurai à m'en occuper plus loin.

devait y rester près de trente ans. Durant ce long séjour, il y écrivit et y fit représenter plusieurs opéras italiens: *Abiatare* (1737), *Semiramide* (1738), *Scipione*, *Arsace*, *Seleuco* (1744), *Bellerofonte*, *Alessandro nell'Indie*. Depuis vingt ans il habitait la Russie, où il n'avait cessé de diriger l'Opéra italien, lorsqu'en 1755 Élisabeth Petrovna, qui était montée sur le trône, conçut le projet, difficile à réaliser à cette époque, de créer un Opéra russe. En dépit des obstacles, on parvint, non sans peine, à réunir une troupe de chanteurs russes, fort médiocres sans doute, pour lesquels Araja fut chargé d'écrire un opéra, *Céphale et Procris*, dont le livret, en langue russe, lui avait été fourni par Soumarokof. Ce fut le premier essai d'un opéra écrit et chanté dans la langue nationale. Quel qu'en ait été le résultat, le premier effort était fait, et, pour peu florissante qu'elle fût pendant longtemps, la scène lyrique russe était fondée. L'Opéra italien tenait sans doute toujours le haut du pavé, mais elle vivait modestement aux côtés de celui-ci, et si la troupe russe se voyait chargée d'interpréter des ouvrages dont la musique était généralement écrite par des Italiens, si même elle était souvent appelée à chanter simplement des opéras italiens traduits en russe, la création d'une troupe lyrique nationale n'en était pas moins, en lui-même, un fait d'une extrême importance.

Araja, comblé d'honneurs et de richesses par l'impératrice, retourna dans sa patrie en 1759, après avoir écrit un autre drame russe à l'occasion du mariage du prince Pierre Fédérowitz. C'est sans doute à cette époque qu'un autre Italien, Manfredini, fut mandé à Saint-Pétersbourg pour y prendre la direction de l'Opéra italien. Cependant, en 1761, Araja était rappelé en Russie pour composer un nouvel opéra; mais le meurtre du tsar Pierre III l'effraya à tel point qu'il repartit en toute hâte pour l'Italie. Manfredini demeura donc à la tête de l'Opéra italien, pour lequel il écrivit, avec la musique de plusieurs ballets, celle de quelques opéras, entre autres *l'Olimpiade*, sur le poème bien connu de Metastasio.

Le règne de l'impératrice Catherine II fut une époque brillante pour la musique en Russie. Elle appela auprès d'elle plusieurs compositeurs étrangers qui, simultanément ou successivement, firent représenter un grand nombre d'ouvrages expressément écrits par eux pour l'Opéra italien. Ce fut d'abord Galuppi, qui n'y resta que peu de temps, mais qui remporta un grand succès avec sa *Didone abbandonata*. Ce fut ensuite le célèbre Paisiello, dont le séjour fut plus prolongé, car il resta près de dix années en Russie, de 1776 à 1785. Paisiello écrivit pour la cour de Saint-Pétersbourg, outre plusieurs cantates et diverses compositions moins importantes, la musique de dix opéras qui comptent parmi les meilleures de ses œuvres : *la Serva padrona, il Matrimonio inaspettato, il Barbiere di Siviglia, i Filosofi immaginari, la Finta Amante* (ouvrage composé à l'occasion de l'entrevue de l'impératrice Catherine avec l'empereur Joseph II à Mohilow), *il Mondo della luna, Niteti, Lucinda ed Armidoro, Alcide al bivio* et *Achille in Sciro*. Ces divers ouvrages excitèrent parmi les dilettantes russes un véritable enthousiasme et mirent le comble à la gloire de Paisiello (1).

A peine était-il parti que Sarti, le maître de Cherubini, était appelé à Saint-Pétersbourg, pour y remplir les fonctions de maître de la chapelle impériale. Sarti écrivit d'abord un Psaume et un *Te Deum* en langue russe, puis fit représenter, en 1786, un opéra italien intitulé *Armida e Rinaldo*. Plus tard il composa un opéra russe, *la Gloire du Nord*. A cette époque il avait été chargé, par l'impératrice Catherine, d'organiser à Katerinoslaw un Conservatoire sur le modèle de ceux d'Italie, et lorsque, en 1795, les élèves de cette école vinrent se faire entendre dans un concert donné devant la souveraine, celle-ci s'en montra si satisfaite qu'elle éleva le compositeur au rang

---

(1) Si ce que dit Fétis est exact, on peut croire que Paisiello subit jusqu'à un certain point en Russie l'influence du caractère national, et il est permis de supposer qu'en retour les artistes de ce pays purent profiter de l'exemple qu'il leur donnait par ses œuvres ; voici comment s'exprime cet historien, à propos de l'opéra bouffe *il Re Teodoro*, que Paisiello, s'arrêtant à Vienne au cours de son voyage de retour de Russie en Italie, écrivit et fit représenter dans cette capitale : — « Au moment même où sa belle imagination enfantait ce bel ouvrage, le bruit se répandait à Rome que Paisiello avait ressenti l'influence des glaces du Nord. L'origine de cette opinion se trouvait dans les partitions du *Barbier de Séville*, de *i Filosofi immaginari*, et de *il Mondo della Luna*, qui, transportées en Italie, n'avaient pas paru empreintes du charme répandu dans les ouvrages de la jeunesse de leur auteur. Soumis à l'impression du goût des peuples du Nord pour des combinaisons plus fortes que celle des airs, objet de la passion exclusive des Italiens, il avait multiplié dans ces partitions les morceaux d'ensemble, et avait jeté dans la coupe des ouvrages une variété de moyens et d'effets dont le mérite était mal apprécié par ses compatriotes ».

de la première noblesse et lui fit don de terres considérables afin de le fixer définitivement en Russie. C'est pendant le long séjour de Sarti à Saint-Pétersbourg que Martini, l'auteur de *la Cosa rara*, fut invité à venir prendre la direction de l'Opéra italien; il y écrivit un opéra bouffe, *gli Sposi in contrasto*. Puis ce fut Cimarosa, celui qu'on pourrait surnommer l'enchanteur, qui fut appelé en 1789 comme compositeur, et qui fit représenter trois ouvrages dont les succès furent éclatants, *Cleopatra, la Vergine del Sole* et *Atene edificata*. Dans l'espace de trois années, Cimarosa écrivit aussi, dit-on, jusqu'à 500 (!) morceaux divers pour le service de la cour et pour les personnages de la noblesse.

Déjà, sous l'impératrice Élisabeth, qui, dit-on, frappait impitoyablement d'un amende de 50 roubles ceux de ses invités qui se trouvaient dans l'impossibilité d'assister à l'un des spectacles de la cour, la société russe se montrait très friande des représentations italiennes. Avec l'impératrice Catherine II ce fut comme une sorte de frénésie. On comprend d'ailleurs qu'avec des artistes comme ceux que je viens de nommer et les œuvres qu'ils apportaient à la scène, les moyens d'exécution avaient dû se perfectionner de plus en plus et d'une façon considérable. Des chanteurs fameux, des virtuoses d'une immense renommée, tels que Marchesi, Bruni, la Todi, la Pozzi, la Gabrielli et bien d'autres avaient été attirés à prix d'or à Saint-Pétersbourg pour interpréter ces œuvres, des soins tout particuliers avaient été apportés au recrutement de l'orchestre et des chœurs, le travail des études avait pris de jour en jour une plus grande importance, et l'ensemble était devenu digne en tous points de la tâche qui incombait à chacun. Or, ce que gagnait l'opéra italien au point de vue de l'exécution, l'opéra russe le gagnait naturellement de son côté. D'autre part, l'éducation du public se formait, le goût de la musique se généralisait de plus en plus, et les progrès de l'art se manifestaient insensiblement.

L'impératrice Catherine, au surplus, quelle que fût son affection pour l'opéra italien, ne négligeait et n'oubliait point pour cela l'opéra russe. Elle secondait même si bien les efforts qui commençaient à se produire discrètement de ce côté, qu'elle écrivit elle-même les poèmes de cinq opéras en langue russe. La musique d'un de ces opéras, intitulé *Fedoule*, fut écrite par un compositeur russe, Fomine, auteur de plusieurs autres ouvrages, dont un surtout, un opéra-comique qui avait pour titre *le Meunier d'Ablécimow*, représenté le 20 janvier 1779, rendit son nom extrêmement populaire. A la même époque que Fomine, il faut citer quelques autres musiciens russes qui se produisirent aussi à la scène : Matinsky, Boulane, puis, un peu plus tard, Volkoff, Alabieff, les frères Titoff. Ce n'était pourtant là que des préliminaires, des essais un peu timides encore, et jusqu'à un certain point exceptionnels. Les temps n'étaient pas mûrs, et bien des années devaient s'écouler encore avant qu'on vît naître, fleurir et s'épanouir l'art vraiment national.

En 1803, sous le règne du tsar Alexandre 1er, l'opéra italien fut remplacé à Saint-Pétersbourg par l'opéra français. Boieldieu, appelé en Russie par l'empereur, y fit un séjour de huit années, pendant lesquelles il fit représenter neuf ouvrages expressément écrits pour le service de la cour et qui obtinrent de grands succès : *Aline, reine de Golconde, Amour et mystère, Abderkhan, un Tour de soubrette, la Jeune Femme colère, Télémaque, les Voitures versées, la Dame invisible, Rien de trop*, sans compter des chœurs nouveaux pour l'*Athalie* de Racine, qu'il remit en musique après tant d'autres. Boieldieu, étant revenu en France en 1811, eut pour successeur Steibelt, qui écrivit aussi deux opéras français, *Cendrillon* et *Sargines*.

Pendant ce temps, l'opéra russe, à part quelques exceptions que j'ai fait connaître, restait encore presque entièrement confiné dans des mains étrangères. Beaucoup d'ouvrages russes étaient écrits par des compositeurs italiens, tels que Soliva père, Sapienza, et surtout Cavos, qui, souvent, et par erreur, a été considéré comme un musicien russe, parce que, bien que Vénitien de naissance et d'origine, il passa quarante-deux années de sa vie en Russie, où il s'établit en 1798 et où il mourut en 1840, après avoir occupé à Saint-Pétersbourg une situation artistique exceptionnellement importante (1).

---

(1) Né en 1775 à Venise, Catterino Cavos, qui fut presque un enfant prodige (car à douze ans il écrivit une cantate en l'honneur de l'empereur d'Autriche Léopold II et à quatorze ans il était organiste à l'église Saint-Marc), mourut à Saint-Pétersbourg le 28 Avril 1840. Certains écrivains l'ont si bien supposé Russe qu'ils se sont efforcés de modifier dans un sens slave l'orthographe de son nom, en l'écrivant *Kavoss*.

Quoique étranger, Cavos a droit d'ailleurs à une mention dans l'histoire de la musique russe. Devenu directeur de la musique et chef d'orchestre des théâtres impériaux de Saint-Pétersbourg, il écrivit pour eux seize opéras, six ballets et la musique de six drames. Il est assez remarquable que le sujet d'un de ses opéras, *Ivan Soussanine*, était précisément celui de *la Vie pour le Tsar*, l'opéra de Glinka qui est le véritable point de départ de l'art national russe, la première et éclatante manifestation de sa personnalité. Voici les titres de la plupart de ses autres ouvrages: *les Ruines de Babylone*, *le Phénix*, *la Force d'Élie*, *le Prince invisible*, *le Règne de douze heures*, *l'Inconnu*, *la Poste de l'amour*, *un Nouvel Embarras*, *le Cosaque poète*, *les Trois Bossus*, *la Fille du Danube*, *le Fugitif*. Tous ces ouvrages sont écrits sur texte russe. Cavos a composé aussi un opéra français, *les Trois Sultanes*. M. César Cui, qui, en tant que critique, n'est pas l'indulgence même, apprécie ainsi le rôle musical de Cavos: — « Ses opéras sont d'un style plus large que ceux de ses prédécesseurs ; il s'y trouve plus de richesses mélodiques et instrumentales ; on y voit une intention évidente d'assimilation de l'élément russe ; mais le fond reste italien malgré tout. Plusieurs des opéras de Cavos eurent un grand succès et restèrent au répertoire pendant un certain nombre d'années, au commencement de ce siècle. Ils sont oubliés maintenant » (1).

Nous approchons du moment où va luire l'aube du véritable opéra russe, de l'opéra national, autochtone. La personnalité de Glinka va surgir, éclatante, magnifique, et dans deux œuvres superbes affirmer la puissance d'un art jeune, nouveau, vigoureux et profondément original.

Mais avant de parler de lui, il faut encore en quelques mots signaler les essais — on peut à peine dire les efforts — d'un artiste estimable qui, avec des dons heureux, ne jouissait pas malheureusement des avantages d'une instruction musicale assez étendue et assez solide pour les mettre en pleine valeur et pour en tirer tout le parti possible. Il s'agit ici du compositeur Verstovsky, auteur de sept opéras, dont un au moins, celui intitulé *la Tombe d'Askold*, représenté en 1835, devint réellement populaire et lui valut une re-

---

(1) *La Musique en Russie.*

nommée presque brillante. Mais Verstovsky, artiste bien doué au point de vue de l'inspiration, mélodiste élégant et gracieux, n'avait pas la souplesse et l'habileté de main nécessaires pour tirer de ses chants tout le profit qu'un musicien instruit aurait pu leur demander. Il ne savait ni développer une idée, ni construire un morceau, ni combiner ensemble les voix et les instruments de façon à leur faire produire les effets qu'exige impérieusement la musique dramatique. C'était, en somme, plutôt un amateur distingué qu'un artiste au vrai sens du mot. Néanmoins, sa *Tombe d'Askold* a joui longtemps de la faveur du public, et je ne sais si on ne la joue pas encore de temps à autre (1).

Enfin, voici venir Glinka, et *la Vie pour le Tsar* va révolutionner la Russie musicale et la faire entrer, c'est bien le cas de le dire, dans le concert des nations européennes.

III.

Glinka.

Michel-Ivanovitch Glinka, qui, après un demi-siècle, est encore considéré comme le premier musicien de la Russie, le compositeur national par excellence, appartenait à une famille noble de propriétaires aisés qui habitait, dans le gouvernement de Smolensk, le village

---

(1) M. César Cui s'exprime ainsi au sujet de Verstovsky : — « Ses opéras seraient mieux nommés des vaudevilles ; aussi, nonobstant ses facultés de mélo-

Novospasskoïé, lequel était la propriété de son père, capitaine en retraite. Né dans ce village le 20 Mai 1804, mort jeune encore, en 1857, il montra de bonne heure un goût passionné et de rares aptitudes pour la musique, que sa famille ne chercha pas à entraver. Doué d'un esprit un peu mystique, il raconte dans ses *Mémoires* que les grandes cérémonies religieuses de l'église de Novospasskoïé remplissaient son âme d'enfant d'un poétique enthousiasme, et qu'il était surtout ravi par le son des cloches; et cela à tel point qu'il passait des heures entières à imiter ces sonorités en tapant de toutes ses forces sur des bassins de cuivre (1). Mais bientôt il allait trouver, à son amour pour la musique, un aliment plus substantiel. Un de ses biographes français, Octave Fouque, a raconté ainsi les faits:

..... A cette époque, le père de Glinka était quelque peu embarrassé dans sa fortune; aussi ne voyait-on pas à Novospasskoïé le luxe fastueux qui d'ordinaire entourait l'existence des grands propriétaires russes. Mais madame Glinka avait un frère en meilleure situation, et qui, entre autres avantages, possédait celui de pouvoir entretenir un orchestre. Quand les Glinka recevaient, ils priaient leur parent de leur envoyer des musiciens, qui tantôt faisaient danser, tantôt donnaient des concerts. Un soir, ces artistes jouèrent un quatuor de Crusel pour clarinette, violon, alto et basse. Le petit Michel avait alors dix ou onze ans; il fut extraordinairement frappé de cette audition. Pendant deux jours il ne put penser à autre chose: tout entier au souvenir de ce poétique accord d'instruments, il vivait comme dans un rêve extatique, ne donnant à ses travaux d'écolier qu'une

---

diste, malgré la popularité qu'ont obtenue bon nombre de ses mélodies (celles de l'opéra *la Tombe d'Askold*, principalement), il est impossible de le considérer comme un des créateurs de l'opéra russe. Sa musique, nous aimons à le répéter, porte bien un certain cachet de nationalité, mais elle est encore fort loin de ce que nous entendons par musique d'opéra; on n'y trouve pas trace de ces riches contrastes, de ces élans dramatiques, de ce coloris instrumental, qui sont les *requisita* d'aujourd'hui, qualités exigeant toutes non seulement un talent souple et vigoureux, mais en même temps un profond savoir technique ». Verstovsky, qui avait rempli les fonctions d'inspecteur des théâtres de Moscou, est mort au mois de Novembre 1862.

(1) Les *Mémoires* de Glinka, écrits par lui en russe, ont été publiés après sa mort par sa sœur, M.me Schestakow, qui a voué à la mémoire du compositeur un véritable culte. Insérés d'abord dans une des revues importantes de Saint-Pétersbourg, il en a été fait ensuite un tirage à part à un nombre très limité d'exemplaires.

attention distraite. Le professeur de dessin s'en aperçut, et gourmanda son élève sur la passion musicale qu'il avait fini par deviner: « Que voulez-vous ? répondit l'enfant ; *la musique, c'est mon âme !* »

L'orchestre de son oncle devint pour le jeune Glinka la source des jouissances les plus vives. A l'heure du souper se faisait entendre un octuor composé de deux flûtes, deux clarinettes, deux cors et deux bassons, qui jouaient des morceaux originaux russes. Cette sonorité douce et voilée, la mélancolie des chants eux-mêmes dégageaient une poésie intense. Dans quelques années, Glinka devenu homme, au moment de se jeter dans la carrière du compositeur, se souviendra des chants nationaux qui ont entouré son enfance d'une si suave atmosphère musicale; il voudra devenir et deviendra le fondateur d'une nouvelle école, qui prendra racine dans les entrailles mêmes du sol de la patrie (1).

Glinka avait treize ans lorsque son père le plaça, à Saint-Pétersbourg, dans une pension dépendant de l'Institut pédagogique fondé récemment pour les enfants de la noblesse. Il y fit d'excellentes études, et particulièrement y apprit, avec la facilité naturelle aux Russes pour les langues étrangères, le latin, le français, l'allemand, l'anglais et le persan. Mais ces études ne l'empêchaient pas de se livrer à la pratique de l'art qu'il chérissait par dessus tout. Il travaillait avec ardeur le piano et le violon, le piano surtout, pour lequel il reçut des leçons de John Field et de Carl Mayer. Plus tard il devint, à Berlin, l'élève de Dehn pour l'harmonie. On va voir à quel point était poussé son amour de la musique, et de quelle façon intelligente il l'entretenait. Il avait à peine vingt ans lorsque, un peu souffrant, — sa santé était précaire, et il fut malade toute sa vie — il alla faire un voyage dans le Caucase pour prendre les eaux. Sa cure terminée, il revint à Novospasskoïé, dans la maison paternelle, et voici comme il raconte, dans ses *Mémoires*, quelles étaient alors ses occupations musicales:

La surexcitation nerveuse produite par l'usage des eaux sulfureuses, et aussi la multitude d'impressions nouvelles qui s'étaient pressées dans mon cerveau, avaient mis le branle à mon imagination. Je repris l'étude de la musique avec une nouvelle ardeur. Deux fois par semaine nous recevions des amis, et l'orchestre se faisait entendre. Je préparais ces séances de la façon suivante: je faisais d'abord

---

(1) OCTAVE FOUQUE: *Michel Ivanovitch Glinka.*

répéter à part chaque artiste, à l'exception des plus forts, jusqu'à ce qu'il n'y eût plus une seule note fausse ou douteuse. Je pus ainsi étudier à fond les procédés des maîtres de l'orchestre. Je me rendais compte ensuite de l'effet général en dirigeant moi-même l'exécution, mon violon à la main. Quand le morceau allait bien, je m'éloignais de quelques pas, et je jugeais ainsi à distance. Voici les principales pièces qui composaient le répertoire. D'abord des ouvertures: *Médée, l'Hôtellerie portugaise, Lodoïska, Faniska, les Deux Journées,* de Cherubini (les deux premières étaient mes préférées); *Joseph, le Trésor supposé, l'Irato,* de Méhul; *Don Juan, la Flûte enchantée, la Clémence de Titus, les Noces de Figaro,* de Mozart; *Léonore* (en *mi* majeur), de Beethoven; puis des symphonies de Mozart (en *sol* mineur), de Haydn (en *si* bémol), de Beethoven (en *ré* majeur). On ne jouait pas encore d'ouvertures de Rossini.

Cette façon pratique d'étudier l'instrumentation n'était pas trop maladroite, il faut en convenir, et dut porter de bons fruits. En même temps, Glinka s'essayait à la composition en écrivant quelques morceaux de piano et des romances.

A peine ses études terminées, il était entré dans l'administration et avait obtenu un emploi à la direction du ministère des voies et communications. Mais il ne le conserva que peu de temps. A l'abri du besoin par sa famille, il reprit sa liberté, et commença à ne plus vivre que pour et par la musique. Malgré sa timidité, on pourrait presque dire sa sauvagerie naturelle, il se met alors à courir le monde et les soirées, se mêle à une société de jeunes gens très riches, très instruits, très artistes: le prince Galitzin, le comte Wielhorski, les frères Tolstoï, etc., saisissant toutes les occasions de faire de la musique ou d'en composer, organisant et dirigeant de grandes fêtes artistiques, se produisant même comme chanteur et comme acteur dans des représentations lyriques, se livrant enfin à une sorte de dilettantisme forcené (1). Un nouveau et curieux passage de ses

---

(1) Le prince Michel Galitzin, grand amateur de musique et violoncelliste distingué, se fit une réputation sous ce rapport. Il eut pour fils le prince Georges Galitzin, qui doit être compté au nombre des musiciens russes les plus intéressants. C'est le prince Georges Galitzin, qui, exilé par ordre de l'empereur à cause de ses opinions politiques avancées, parcourut l'Allemagne, l'Angleterre et la France en donnant partout de grands concerts qu'il dirigeait lui-même et dans lesquels il s'efforçait de faire connaître la musique russe et particulièrement celle

Mémoires va nous faire voir ce qu'il en était et de quelle façon il se prodiguait:

A la fin d'Août 1828, dit-il, Galitzin, Tolstoï, d'autres jeunes gens et moi eûmes l'idée de donner une sérénade publique sur l'eau. Nous prîmes deux embarcations que nous illuminâmes avec des lanternes vénitiennes. Dans l'une montèrent les organisateurs de la fête, dans l'autre les trompettes du régiment des chevaliers-gardes. Sur la poupe de la première était un piano, à l'aide duquel j'accompagnais et dirigeais les chœurs. Je me rappelle l'excellent effet produit par la voix de ténor de Tolstoï dans les romances. Le chœur de *la Dame blanche*, de Boieldieu: « Sonnez, sonnez », fut très bien exécuté. Après chaque morceau de chant, les fanfares éclataient sur la seconde barque. Les instruments à clefs et à pistons n'avaient pas encore été inventés, et l'oreille ne souffrait pas des sons faux et discordants dont on l'agace aujourd'hui. Une mazurka du comte Michel Yourievitch Wielhorski, écrite spécialement pour trompettes, produisit sur moi une forte impression. Plus tard j'ai composé le *Slavsia* de *la Vie pour le Tsar* en vue de trompettes simples; et s'il était possible aujourd'hui de former un orchestre pareil à celui qui concourait à nos sérénades, il est certain que ce final serait d'un plus grand effet.

Il fut parlé de notre sérénade dans *l'Abeille du Nord*; ce succès nous encouragea à tenter autre chose. Nous donnâmes bientôt une représentation au prince Kotchoubey, président du conseil de l'empire. Nous étions seize jeunes gens, parmi

---

de Glinka, ainsi que la sienne propre. Se trouvant à Paris en 1861, il assista aux débuts et au succès des concerts populaires fondés par Pasdeloup, et en 1865, autorisé à rentrer en Russie, il organisa sur leur modèle, à Moscou, dans la salle du Grand-Manège, des concerts de musique classique, avec des places à 20 kopeks (environ 75 centimes). Le prince Georges Galitzin s'est fait connaître comme compositeur par deux Messes, deux Fantaisies pour orchestre, de nombreux morceaux de chant et de danse, deux Méthodes de chant, etc. Il mourut au mois de Septembre 1872. — Le comte Michel Yourievitch Wielhorski était aussi un remarquable amateur de musique pratiquant, élève de Kiesewetter, qui s'était lié d'amitié avec Beethoven. Il était l'âme des concerts d'amateurs de Saint-Pétersbourg et dirigea avec son oncle, le comte Mathieu Wielhorski, des concerts spirituels. On lui doit un assez grand nombre de compositions, parmi lesquelles une symphonie, un quatuor pour instruments à cordes, des chœurs sans accompagnement et un opéra, *les Tsiganes*, d'après le poème de Pouschkine, que la mort ne lui permit pas d'achever. Né le 31 Octobre 1787, le prince Michel Wielhorski mourut le 9 Septembre 1856. Il avait un frère, le comte Joseph Wielhorski, amateur aussi et exécutant distingué sur le piano, qui a publié de nombreuses compositions pour cet instrument.

lesquels Bachoutski, Stéritch, Protassof ; nous avions un orchestre, avec Mayer au piano. Costumé en femme, je jouai le rôle de donna Anna dans une traduction du *Don Juan* de Mozart; puis j'improvisai au piano.

Nous donnâmes une autre représentation au palais de Tsarkoe-Sélo. On y chanta une sérénade de moi et des couplets avec chœur que j'avais composés sur des vers de Galitzin. Ivanof chantait les couplets ; les chœurs étaient confiés aux chanteurs de la chapelle impériale, dont Ivanof lui-même faisait partie.

De là nous allâmes à Marino, dans le gouvernement de Novgorod-la-Grande, à deux-cents verstes de Pétersbourg, chez la princesse Stroganof. J'y jouai Figaro dans *le Barbier de Séville*.....

Mais cette vie de simples plaisirs artistiques ne pouvait durer longtemps. Glinka le sentait, et il songeait qu'il lui fallait travailler d'une façon plus sérieuse. C'est alors qu'il forma le projet d'un voyage en Italie, pour se mettre au courant du mouvement musical de ce pays, projet que son père contrecarra d'abord, et auquel pourtant il finit par consentir. Au printemps de 1830 (exactement le 25 Avril) Glinka partit donc, en compagnie de son ami Ivanof, pour aller prendre les eaux en Allemagne et de là se rendre en Italie (1). Ils arrivèrent à Milan, où Glinka resta une année et où il prit quelques

---

(1) Ivanof est ce chanteur russe qui se fit une si grande renommée en Italie comme chanteur italien, et devint l'ami de Rossini. Il se produisit pour la première fois à Paris en 1833, et voici ce qu'on lisait à son sujet dans la *Revue musicale* du 5 Octobre 1833 : — « L'empereur de Russie a une musique de chapelle composée uniquement de voix de basses. Un jeune homme s'y fait remarquer par un sentiment musical des plus rares, et il est envoyé à Naples aux frais de son souverain pour se perfectionner dans l'art du chant. Il travaille en effet, reçoit les conseils d'une célèbre cantatrice et fait des progrès rapides. Mais tout ce qu'il voit et entend fait naître en lui un goût si prononcé pour son art, qu'il prend la résolution de ne plus retourner dans sa froide patrie. Les directeurs du Théâtre-Italien passent à Naples, l'entendent, l'engagent et le ramènent à Paris. Or, cette basse-taille de la chapelle impériale de Russie, c'est le ténor Ivanof, dont la voix fraîche et pure a fait sensation mardi dans la salle des Italiens ». J'ai à peine besoin de faire remarquer qu'Ivanof ne posséda jamais une voix de basse-taille, et que toute sa vie il fut ténor. Mais ce qu'il y a de curieux, c'est que le tsar Nicolas se montra très courroucé, paraît-il, de ce que le jeune chanteur ne fût pas rentré en Russie à l'expiration de son permis de voyage. Ivanof n'y rentra jamais d'ailleurs, et, arrivé au terme de sa carrière artistique, se retira tranquillement à Bologne, où il mourut le 7 Juillet 1880. Il était né à Pultava en 1809.

leçons de Basili, directeur du Conservatoire de cette ville. Il fréquenta les théâtres, assista à la première représentation de *la Sonnambula* de Bellini, se lia avec quelques artistes, et même composa et publia quelques morceaux de piano, qui n'étaient autres que des arrangements et des fantaisies sur des thèmes de Rossini, de Donizetti ou de Bellini. Il alla passer ensuite quelques mois à Naples, puis revint à Milan, et en 1832 partit pour Berlin. Chose assez singulière, c'est pendant son séjour en Italie que lui vint pour la première fois cette pensée qui devait le conduire à la gloire, la pensée d'écrire de la « musique russe ». Il le constate ainsi dans ses *Mémoires*: — «....Quant à mes essais de composition à cette époque, dit-il, je les considère comme ayant été assez malheureux. Je fus à même de faire d'utiles réflexions sur cette branche de mon art, mais tous les morceaux que j'écrivis pour faire plaisir à mes amis de Milan, et qui furent fort obligeamment édités par Giovanni Ricordi, ne servirent qu'à me prouver que je n'avais pas encore trouvé ma voie, et que jamais je n'arriverais à me faire sincèrement italien. *La nostalgie de la patrie m'amena peu à peu à l'idée d'écrire de la musique russe.* » Cette idée ne l'abandonnera plus désormais.

A Berlin, Glinka prend pendant plusieurs mois des leçons de Dehn, excellent théoricien qui était conservateur de la partie musicale de la Bibliothèque royale et collaborateur de la *Gazette musicale de Leipzig*. Il apprend de lui la fugue et l'art des développements, ce qui ne l'empêche pas de composer quelques morceaux et de songer toujours à son projet de création d'une musique russe, qui, il le disait lui-même, hantait son esprit. On le verra d'ailleurs par ce fragment d'une lettre qu'il adressait alors à un de ses amis de Saint-Pétersbourg:

...... Je ne resterai pas longtemps ici, et j'ai la plus grande hâte de voir venir le moment de t'embrasser. J'ai un projet en tête, une idée..... ce n'est peut-être pas le moment de faire une entière confession ; peut-être, si je te disais tout, craindrais-je de trouver peints sur ton visage les signes de l'incrédulité..... Faut-il tout te dire ?..... Je pense que je pourrais, moi aussi, donner à notre théâtre un ouvrage de grandes proportions. Ce ne sera pas un chef-d'œuvre, je suis le premier à l'admettre, mais enfin ce ne sera pas si mal !..... Qu'en dis-tu ? L'important est de bien choisir le sujet. De toute façon, il sera absolument national. *Et non seulement le sujet, mais la musique : je veux que mes chers compatriotes se trouvent là comme chez eux, et qu'à l'étranger ou ne me prenne pas pour un glorieux, un présomptueux qui se pare, comme le geai, des plumes d'autrui. Je commence à m'apercevoir que je pourrais t'ennuyer en prolongeant outre mesure une description de ce qui est encore dans les limbes de l'avenir. Et qui sait si je trouverai en moi la force et le talent nécessaires pour remplir la promesse que je me suis faite ?.....*

Il trouva l'un et l'autre, et il trouva surtout, en rentrant dans son pays, des esprits jeunes, ardents, préparés à le comprendre, à l'aider et à le pousser dans la voie où il voulait s'engager. De retour à Saint-Pétersbourg, où il se fixait désormais, il se vit bientôt, en effet, introduit dans une société de gens de lettres, de poètes, d'artistes, dont les préoccupations intellectuelles présentaient plus d'un point de commun avec ses propres idées. C'était Pouschkine, c'était Gogol, et Koukolnik, et Pletnef, et Joukovski, d'autres encore. On se réunissait chez ce dernier, qui, en sa qualité de précepteur du césarévitch (depuis Alexandre II), demeurait au Palais d'hiver. « Là, comme on l'a dit, s'agitaient les problèmes littéraires et soufflait un esprit de renaissance dont l'ambition était de faire passer dans le drame, le roman, les pièces de théâtre, ce que les mœurs, les croyances, les traditions de la Russie renferment de traits caractéristiques. Glinka assistait au réveil de la poésie nationale, et parmi tous ces hommes de talent qu'animait une pensée conforme à la sienne, il osa parler de son désir de fonder l'opéra russe. Avec quel empressement fut accueilli Glinka, il est facile de l'imaginer. Le cercle des poètes rénovateurs fit fête à ce musicien jeune et plein de sève, dont le talent était apprécié, et qui avait résolu de secouer le joug étranger pour dresser, lui aussi, son autel à la patrie » (1).

On se rappelle les paroles de Glinka : « L'important est de bien choisir le sujet ». Pour écrire une musique d'un caractère national, il fallait un sujet national. Joukovski indiqua celui d'*Ivan Soussanine*, qui rappelle l'un des épisodes les plus sombres et les plus dramatiques de l'histoire du peuple russe et de sa lutte contre les Polonais alors tout-puissants, et Glinka comprit aussitôt tout le parti

---

(1) OCTAVE FOUQUE : *Michel Ivanovitch Glinka.*

qu'il pourrait tirer d'une action si émouvante. C'était en 1613: les Polonais, à la suite de la mort du tsar Boris Godounof, avaient envahi l'empire russe et s'étaient avancés jusqu'à Moscou: la nation tout entière, sentant le danger que courait son indépendance, se serrait autour du jeune Mikhaïl-Fédorovitch Romanof, qui venait d'être élu tsar, et, selon les chroniques, les Polonais avaient formé le projet de s'emparer de la personne du nouveau souverain. Quelques-uns de leurs chefs, le cherchant et ne sachant où le trouver, s'adressent à un paysan, Ivan Soussanine, en cachant leur condition, et lui ordonnent de les mener auprès de son maître. Ivan, qui flaire une trahison, fait bravement le sacrifice de sa vie pour sauver son souverain et son pays: il feint d'obéir, et pendant qu'il envoie Vania, son fils adoptif, prévenir le tsar du danger qui le menace, il égare les Polonais jusqu'au fond d'une forêt presque impénétrable, d'où il leur est impossible de retrouver leur chemin. Puis, quand ceux-ci s'aperçoivent qu'ils ont été trompés, le malheureux est par eux mis à mort et tombe, héros obscur, victime de son dévouement.

Glinka fut saisi par la grandeur, la couleur, le pathétique, et surtout le caractère national que lui offrait une telle action transportée à la scène, et comprit rapidement le parti qu'il en pourrait tirer au point de vue musical. Il traça lui-même le plan du drame, et, lorsqu'il l'eût bien établi, il s'adressa, pour en écrire le texte, au baron de Rosen, secrétaire du césarévitch, qui, quoique allemand, consentit sans peine à se faire son collaborateur. On conçoit qu'un tel sujet, habilement mis en scène et augmenté d'incidents caractéristiques, tels que la fête brillante au camp des Polonais qui constitue le second acte, et le dénouement magnifique et plein de grandeur qui montre l'entrée solennelle du tsar dans sa capitale, était de nature à exalter l'inspiration du compositeur en même temps qu'à exciter l'enthousiasme d'un public pour qui, chacun le sait, le patriotisme n'est pas un vain mot. Aussi l'intérêt puissant du drame, la haute valeur de la musique, la splendeur si originale de la mise en scène, le caractère entièrement nouveau de l'œuvre prise en son ensemble, tout cela valut-il un immense triomphe à *la Vie pour le Tsar* (c'est le titre qui avait été définitivement adopté) lorsque cet ouvrage parut pour la première fois, au théâtre impérial de Saint-Pétersbourg, le 27 Septembre (9 Octobre) 1836, joué par le grand chanteur Pétrof (Ivan), M.lle Vorobief, plus tard M.me Pétrovna (Vania), M.me Stepanovna (Antonide), et le ténor français Charpentier, qui se faisait appeler au théâtre Léonof (Sabinine).

En dépit de l'étonnement et presque de l'hostilité de quelques-uns, que déroutait le caractère nouveau de l'œuvre, l'apparition de *la Vie pour le Tsar* fut le signal d'un éclatant succès et prit le caractère d'un véritable évènement national. Non que l'œuvre entière porte un cachet exclusivement réformateur et d'une complète nouveauté. Il s'y retrouve bien par-ci par-là des ressouvenirs de cette influence italienne que Glinka voulait combattre, principalement dans les grands ensembles vocaux, qui sont volontiers écrits à la manière de Bellini et de Donizetti. Mais à côté de cela quelle teinte de mélancolie dans divers morceaux, entre autres dans la romance de Vania, et dans la scène qui, dans la cabane de Soussanine, précède l'arrivée des Polonais! Puis, quel sentiment dramatique dans tout le tableau de la forêt, alors que le brave paysan court héroïquement à la mort pour sauver son empereur! C'est ici qu'on trouve une véritable originalité, qu'on rencontre des rythmes étranges, imprévus (Glinka emploie parfois des mesures à 5 temps, et même à 7 temps), aussi bien que dans l'épilogue de l'entrée du tsar à Moscou, qui est véritablement d'une splendeur et d'une grandeur épiques! Puis, de temps à autre, l'emploi de chants populaires, introduits avec habileté, traités avec talent, viennent donner à l'ensemble de l'œuvre une couleur et un cachet tout particuliers. Ce procédé, imaginé par Glinka, est devenu familier à ses successeurs, et il est un de ceux qui donnent à la musique russe actuelle son caractère et sa personnalité, qui la différencient des autres styles et des autres écoles. En réalité, si la partition de *la Vie pour le Tsar* n'est pas peut-être un chef-d'œuvre accompli, c'est du moins une œuvre de premier ordre, tout ensemble par les tendances qu'elle révèle, par le style qu'elle consacre en partie, et par sa propre valeur musicale. Voici d'ailleurs, à son sujet, l'opinion d'un musicien compatriote de l'auteur; M. César Cui en parle en ces termes dans son livre *la Musique en Russie:*

La musique de *la Vie pour le Tsar* est toute empreinte de nationalité russe et polonaise. Dans tout l'opéra, il ne se rencontre peut-être pas une seule phrase musicale ayant plus d'affinité avec la musique de l'Europe occidentale qu'avec celle des Slaves. Une nuance aussi marquée de nationalité, réunie aux plus hautes conditions de l'art, ne se retrouve, ce nous semble, que dans *le Freischütz*. Pourtant Glinka ne s'est servi que d'un nombre très restreint de thèmes nationaux pour marquer le caractère essentiellement russe de sa musique : un mélodiste aussi fertile n'avait pas besoin de chercher des idées en dehors de lui-même. Ses mélodies à lui portent l'empreinte profonde du caractère russe ; on peut en dire autant des harmonies qu'il y adapte. La nuance polonaise est reproduite avec moins de vérité, d'une manière plutôt extérieure et superficielle. Glinka ne la représente que par les rythmes fortement cadencés de la polonaise et de la mazurka, qu'on entend aussitôt que les Polonais paraissent en scène. C'est un moyen facile, voyant, satisfaisant pour un auditeur peu exigeant, mais il est insuffisant dans les épisodes dramatiques. On peut bien être Polonais, sans chanter constamment des mazurkas et des polonaises.....

..... Par cet ouvrage, où l'inspiration est si étroitement unie à l'habileté technique, Glinka a créé de toutes pièces l'école d'opéra russe. *La Vie pour le Tsar* est née comme Minerve, — tout armée, — et son auteur, du premier coup, a trouvé une place parmi les plus grands compositeurs. Un musicien peut-il commencer sa carrière avec plus d'éclat ? Si *Robert le Diable* eût été le véritable début de Meyerbeer, cette entrée dans la carrière n'aurait pas eu plus d'éclat. En effet, y a-t-il beaucoup d'opéras où, l'action du drame et le coloris local étant strictement observés, on ne compte que quatre ou cinq morceaux médiocres, contre vingt-cinq autres magnifiques ? Le contraire n'arrive que trop souvent, sans nuire à leur réputation, même aux compositeurs le plus en renom, dont les partitions, à l'exception de deux ou trois morceaux réussis, abondent en lieux communs.

Il n'est peut-être pas sans intérêt non plus de noter les impressions de Glinka à l'apparition de son œuvre devant le public, de faire connaître son état d'esprit et le trouble dont il était naturellement agité dans une circonstance aussi solennelle. Voici comme il se raconte lui-même dans ses *Mémoires*:

Impossible de décrire les sensations que j'éprouvai ce soir-là, surtout au commencement de la représentation. Nous occupions, ma femme et moi, une loge du second rang, toutes celles du premier étant réservées aux principaux fonctionnaires de l'État et aux familles de la cour. Le premier acte alla bien : le trio fut vigoureusement applaudi. Le second acte, celui où les Polonais étaient en scène, se joua tout entier au milieu d'un silence profond. J'avais compté sur la polonaise, sur la mazurka, si vivement appréciées à la lecture par les musiciens de l'orchestre. Je fus navré de voir l'accueil glacial qui était fait à ces morceaux. Je montai sur la scène, où le fils de Cavos, à qui je fis part de mes impressions

me dit: « Comment voulez-vous que des Russes applaudissent des Polonais ? »
Cette remarque ne me rassura qu'à demi, et je restai en proie à une vive perplexité. Mais l'entrée de la Vorobief dissipa tous mes doutes. Le chant de l'orphelin, son duo avec Ivan, la scène en G dur (*sol* majeur) produisirent un excellent effet.

Au quatrième acte, les choristes qui représentaient les Polonais tombèrent sur Pétrof avec un tel entrain qu'ils lui déchirèrent sa chemise, et qu'il dut se défendre pour de bon.

Quant à l'épilogue, la grandeur du spectacle, la vue du Kremlin, le nombre des figurants, la disposition des groupes, l'animation de la scène, me remplirent moi-même d'admiration. M.lle Vorobief fut admirable dans le trio avec chœurs, comme d'un bout à l'autre de son rôle.

Le succès de *la Vie pour le Tsar* fut éclatant et incontestable. Cependant, comme toute œuvre qui tranche et contraste profondément avec les habitudes routinières du public, l'apparition de celle-ci ne fut pas sans soulever des critiques et des objections, et le fait est constaté par des écrivains russes eux-mêmes. L'un d'eux, M. Platon de Waxel, s'exprimait ainsi à ce sujet: — « Comme toute œuvre qui constitue un grand progrès, qui ouvre des horizons nouveaux, *la Vie pour le Tsar* n'a pas été comprise et acceptée d'emblée. Le plus d'objections a été fait précisément à ce qui constitue le principal mérite de l'œuvre — sa profonde originalité, alliée au respect des formes consacrées de l'art. Les uns disaient que c'était une « musique de cochers », d'autres lui reprochaient de n'avoir pas rompu entièrement avec les traditions de l'art occidental, comme s'il pouvait y avoir deux grammaires musicales et deux mesures pour le sentiment des proportions et des formes. Ce qui est incontestable, c'est qu'en se mouvant dans les limites de celles-ci, Glinka a su donner à sa musique un cachet éminemment national, s'inspirer des mélodies du peuple et du sentiment qui les anime, sans en copier les thèmes, tout en se maintenant dans les plus hautes régions de l'art. Les tendances nationales transplantées dans le domaine de l'art musical sont une conquête de notre siècle et Glinka en est l'un des initiateurs » (1).

---

(1) *Journal* (français) *de Saint-Pétersbourg*, 27 Novembre - 9 Décembre 1886.

Toutefois, quelles que fussent les critiques, le grand public ne s'y trompa pas, et bientôt *la Vie pour le Tsar*, acclamée par tous et triomphant partout, poursuivit sa brillante et glorieuse carrière. Si bien que le 5/17 Décembre 1879 on en donnait à Saint-Pétersbourg la 500e représentation, et que sept ans après, le 27 Novembre (9 Décembre) 1886, on célébrait, avec la 577e, le cinquantième anniversaire de son apparition à la scène. A cette occasion l'ouvrage était remonté d'une façon toute spéciale, le matériel scénique était entièrement renouvelé, et les personnages les moins importants étaient représentés par des premiers sujets, tels que M. Stravinsky, qui jouait le petit rôle du chef de la légion polonaise, et M. Mikhaïlow, qui avait consenti à se charger du solo du chœur d'introduction; quant aux quatre rôles principaux, ceux d'Ivan Soussanine, de Sabinine, de Vania et d'Antonida, ils étaient tenus par MM. Koriakine et Vassiliew, M.mes Lavrovsky et Pavlovsky. Ce fut comme une sorte de véritable solennité nationale, qui eut son contre-coup dans toutes les villes russes où il existait un théâtre d'opéra, et qui, toutes, représentèrent aussi *la Vie pour le Tsar*. A Moscou, l'ouvrage fut même joué simultanément sur deux théâtres. Enfin, on signale deux publications faites pour la circonstance : une intéressante *Histoire de « la Vie pour le Tsar »* de M. P. Weimarn, et une brochure très vivante de M. Vladimir Stassow, ornée des portraits de Glinka et de sa sœur, M.me Ludmilla Schestakow, si intimement liée à sa gloire, et d'un dessin représentant la statue du maître à Smolensk (1).

C'est au lendemain de l'apparition de *la Vie pour le Tsar* que

---

(1) Depuis quelques années, en effet, la ville de Smolensk, proche de son village natal, avait élevé une statue à Glinka. L'érection de ce monument était due surtout à l'énergie de la noble et digne sœur du maître, M.me Ludmilla Schestakow, qui, après sa mort, employa tous ses efforts pour perpétuer sa gloire. Avec l'aide d'un ami dévoué, M. d'Engelhardt, elle entreprit et sut mener à bonne fin l'édition de ses œuvres complètes, parmi lesquelles sont comprises les partitions à orchestre de ses deux opéras. En ce qui concerne le monument de Smolensk, elle eut l'appui et le concours vigoureux du prince George Obolensky, maréchal de la noblesse de Smolensk, et fut secondée aussi par plusieurs autres gentilshommes de cette province, de même que par Antoine Rubinstein, qui, dit-on, fournit personnellement une partie des fonds nécessaires à l'achèvement de cette œuvre intéressante et d'un caractère en quelque sorte national.

Glinka fut nommé non point, comme on l'a dit par erreur, maître de la chapelle impériale, mais régent du chœur de cette chapelle. Théodore Lvoff, le maître de la chapelle, était mort le 14 Décembre 1836, et c'est son fils, Alexis Lvoff, le futur auteur de l'Hymne national russe, qui était appelé à lui succéder. La nomination de celui-ci et celle de Glinka sont du 1er ou du 2 Janvier 1837. En sa nouvelle qualité, Glinka dut bientôt entreprendre un voyage en Finlande et dans la Petite-Russie, à la recherche de voix destinées au service de la chapelle, dont on réorganisait le personnel. Cela ne l'empêcha pas de songer à un nouvel ouvrage, et de s'en occuper assez rapidement. Sur le conseil d'un auteur dramatique très populaire à cette époque, le prince Schakhovskoï, il choisit pour sujet de cet ouvrage l'un des premiers poèmes de Pouschkine, *Rousslane et Ludmilla*, et s'adressa au grand poète lui-même pour le prier de tirer de son œuvre un livret d'opéra. Celui-ci lui en avait fait la promesse, lorsque sa mort tragique vint l'empêcher de mettre son projet à exécution (1). Il fallut aviser d'autre façon.

---

(1) On sait que Pouschkine succomba dans un duel, à l'âge de trente-sept ans, frappé d'une balle mortelle. Il avait épousé une jeune femme célèbre par sa beauté, comme il l'était lui-même par son génie. Par malheur, il n'était pas seulement jaloux, mais le sang africain qui coulait dans ses veines le rendait irascible et d'une extrême violence. Il eut le tort de croire à une calomnie infâme, relative aux prétendues assiduités dont se serait rendu coupable auprès de sa femme son propre beau-frère, un jeune officier d'origine française, lieutenant aux chevaliers-gardes de l'impératrice, le baron Georges d'Anthès, fils adoptif du baron de Heckeren, ministre des Pays-Bas à Saint-Pétersbourg (qui devint plus tard sénateur de l'empire français). Pouschkine écrivit au baron d'Anthès une lettre injurieuse, qui ne pouvait qu'amener une provocation de la part de celui-ci. Un duel fut inévitable. « Les deux beaux-frères, dit un biographe, se battirent au pistolet, *à dix pas de distance*. Le combat fut très acharné, et Pouschkine y mit surtout une fureur extrême. Après avoir reçu une blessure mortelle, après avoir blessé son adversaire, il s'élançait encore contre lui, et l'on eut beaucoup de peine à lui faire lâcher prise. Il ne mourut qu'après deux jours de souffrance (4 Février 1837), et lorsqu'il eût reconnu que sa femme était innocente..... Le baron d'Anthès fut traduit en conseil de guerre et condamné à la privation de son grade et de la noblesse qu'il avait acquise. Cette sentence fut approuvée par l'empereur ; mais attendu que le condamné n'était pas sujet russe (d'Anthès était né en France et il s'était réfugié en Russie, ayant été compromis dans l'affaire de la duchesse de Berry lorsque cette princesse fut arrêtée à Nantes), il fut conduit à la frontière par un gendarme et expulsé des

Rousslane et Ludmilla n'est autre chose qu'un conte de fée, par lui-même assez vulgaire, mais qui, sous la main et grâce à la brillante imagination du poète, était devenu comme une sorte de petit chef-d'œuvre de grâce et de légèreté. Pouschkine étant mort, Glinka chargea un de ses amis, nommé Bakhtourine, de lui construire le plan de l'opéra qu'il en voulait tirer, ce que celui-ci, nous dit-il dans les *Mémoires*, fit en un quart d'heure. Mais ce plan était imparfait, ce qu'on peut concevoir facilement, et le compositeur le refit lui-même en partie, après quoi il fit écrire le livret par deux autres de ses amis, le dramaturge Nestor Koukolnik et Michel Guédéonoff, frère du directeur des théâtres impériaux de Saint-Pétersbourg, qui y introduisirent un assez grand nombre de vers de Pouschkine. Ce n'est pas tout : un officier, le capitaine Schirkow, écrivit une partie du premier acte et les paroles de l'air de Gorislava, et enfin un camarade de collège de Glinka, N. Markovitch, traça les vers de la ballade du Finnois. D'une collaboration si nombreuse et manquant un peu trop d'unité, il ne pouvait guère résulter qu'une œuvre un peu bâtarde et sans cohésion. En effet, le livret de *Rousslane* a été jugé généralement d'une façon assez sévère, et M. César Cui s'est montré indulgent en l'appréciant dans les termes que voici :

Ce libretto a ses qualités et ses côtés faibles. Il ne renferme rien de dramatique, l'intérêt de l'action est nul : ce n'est qu'une suite de scènes, dont on pourrait intervertir l'ordre, et même diminuer ou augmenter le nombre, sans porter préjudice à la trame de la légende. Pour qui exige, dans un opéra, un sujet intéressant et dramatique, celui-ci est au-dessous de toute critique. En revanche, examiné sous un autre point de vue, il offre l'avantage d'une grande variété, et chaque scène, isolément, semble avoir été faite pour appeler la musique. Glinka ne pouvait mieux tomber que sur un poème aussi en rapport avec le caractère de son talent, si souple et si apte aux scènes descriptives. Nous l'avons vu : il a été dramatique pour ainsi dire malgré lui, par la force spontanée de son génie ; mais, avant toute chose, il était musicien, ne recherchant dans l'opéra que l'occasion de créer de bonne musique, aussi variée que possible. Il n'est donc guère étonnant qu'il se soit contenté du texte de *Rousslane*, mélange bizarre de scènes polychromes, sorte de kaléidoscope magique, et qu'il y

---

États moscovites, après que son brevet lui eût été retiré ». Le baron d'Anthès de Heckeren a survécu près de soixante ans à ce drame. Il est mort seulement au mois de Novembre 1895.

ait même mis le meilleur de sa nature d'artiste. En effet, Pouschkine a donné à son poème un ton dégagé, d'une spirituelle légèreté ; Glinka, au contraire, a pris son travail au sérieux et l'a traité avec un sentiment pénétré et profond.

Pour l'immense majorité des critiques et des musiciens russes, la partition de *Rousslane* est supérieure en son ensemble à celle de *la Vie pour le Tsar*. La couleur en est d'ailleurs très différente. Tandis que dans son premier ouvrage Glinka avait mis en opposition et en contraste les deux nationalités russe et polonaise, c'est surtout la couleur orientale qu'il s'est attaché à faire briller dans le second, où deux rôles particulièrement, ceux du prince Ratmir et du magicien Tchernomor, ressortent sous ce rapport avec éclat. Il va sans dire toutefois que le caractère russe trouve dans l'œuvre sa large place, témoins le premier et le cinquième acte, si puissants, si colorés et si vigoureux. Et là encore, Glinka a emprunté à la musique populaire certains éléments caractéristiques. C'est ainsi que le thème du superbe récitatif de Ratmir au troisième acte et, au quatrième, les deux thèmes de danse de la *lezghinka* sont de provenance tartare, tandis que le motif de la ballade du Finnois est celui d'une véritable chanson de la Finlande, et que le chœur exquis des *Fleurs harmonieuses* est construit sur un air persan (1). Mais tout cela est traité avec tant d'habileté, le développement de ces thèmes est si personnel, si riche, si remarquable, qu'ici la mise en œuvre est supérieure à l'invention. D'autre part, le compositeur a pris soin de tracer des types, de caractériser chacun de ses personnages par un accent, une couleur, une manière d'être musicale. « Ratmir, prince oriental, chantera d'amoureuses cantilènes ; le vieux sorcier, Finnois comme tous les sorciers des légendes russes, dira une ballade dont le thème fut recueilli dans une excursion sur les bords de la Baltique ; Tchernomor, ce Caliban de la Mer Noire, se révèlera par un étrange dessin d'orchestre qui peint à merveille la lourdeur d'esprit, la stupidité, l'opacité des images cérébrales. Certaines scènes, la première et la dernière, par exemple, auront une physionomie russe

---

(1) C'est en allant en voiture un jour avec quelques amis, lors de son voyage en Finlande, visiter les chutes d'Imatra, que Glinka nota, en l'entendant chanter à un postillon, la chanson dont il devait faire une ballade si saisissante. Quant au motif du chœur des Fleurs harmonieuses, il lui fut fourni par le secrétaire de l'ambassade persane à Saint-Pétersbourg.

bien déterminée; aux deux personnages sympathiques, Rousslane et Ludmilla, Glinka distribuera à profusion les mélodies larges, aimables, développées sans contrainte et sans parti-pris » (1). Enfin, l'invention mélodique, d'une richesse si exubérante, l'instrumentation, si originale et si variée, les harmonies, si neuves, si piquantes, si curieuses, et qui empruntent parfois à certaines gammes orientales un montant et une saveur étrange, tout concourt à faire de la partition de *Rousslane et Ludmilla* une œuvre géniale et de premier ordre. « Nous n'avons été, dit M. César Cui, que l'interprète de la vérité. en parlant de la haute valeur de *la Vie pour le Tsar;* nous serons aussi vrai en disant que la musique de *Rousslane* est de beaucoup supérieure encore. *La Vie pour le Tsar* est une œuvre de jeunesse, tout autant que de génie; *Rousslane* émane d'un talent mûr, ayant atteint les dernières limites de son développement. Sous le rapport de la musique pure, *Rousslane* est une œuvre de premier ordre; à ce point de vue spécial, il peut soutenir la comparaison avec les grands chef-d'œuvres lyriques. Glinka y a tracé des routes nouvelles, ouvert des horizons inconnus jusqu'à lui » (2).

Pourtant, l'œuvre n'obtint pas à son apparition (27 Novembre-10 Décembre 1842) le succès qu'elle méritait. Elle était d'un caractère trop neuf, trop complexe, pour être comprise et saisie de prime abord par le public. Il me semble toutefois qu'on a un peu exagéré la froideur de l'accueil qui lui fut fait. Car si la première représentation ne fut pas sans doute très heureuse, et cela par suite d'un de ces accidents toujours fâcheux, je veux dire par le fait de la substitution au dernier moment, en suite d'une indisposition, d'une actrice faible à une actrice aimée dans un rôle important, je constate que *Rousslane* obtint, au cours de la première saison, une série de trente-deux représentations, ce qui, en somme, me paraît loin de constituer un échec. L'œuvre fut très discutée, il est vrai, et quelques-uns furent injustes envers elle. Mais de là à une chute, comme on l'a dit, il y a de la distance. Au reste, je trouve à ce sujet, dans un feuilleton du *Journal de Saint-Pétersbourg,* des détails intéressants et dont on ne saurait suspecter la véracité:

---

(1) OCTAVE FOUQUE: *Michel Ivanovitch Glinka.*
(2) *La Musique en Russie.*

..... A en croire M. Youry Arnold (dans ses *Mémoires*), l'exécution aux premières représentations était mauvaise. Le maître de chapelle Cavos était mort depuis deux ans et avait été remplacé par Charles Albrecht, un chef d'orchestre allemand très pédant et qui s'offensa, comme ses musiciens d'ailleurs, d'un propos peu aimable à leur adresse que Boulgarine publia dans son journal *l'Abeille du Nord*, et qu'on attribuait à Glinka lui-même. La mauvaise humeur de ces messieurs fit que les études marchèrent mal, et c'est seulement à la troisième représentation que l'on commença à jouer avec ensemble, bien que les musiciens d'orchestre et les chanteurs (à l'exception du couple Pétrow) n'eussent rien compris au style de cette musique.

En général, l'opposition à l'œuvre se fit jour même avant la première représentation, et cela parmi les amateurs les plus renommés. Le comte Michel Wielhorski, l'illustre mécène qui composait lui-même des romances dont on se souvient encore, ne cessait de parler de ce qu'il appelait « l'opéra manqué » et s'acharnait surtout sur le cinquième acte de la partition, dans lequel Glinka lui laissa pratiquer de nombreuses coupures. On en fit d'autres encore, avant et après la première représentation, qui obscurcirent d'autant plus le sujet de la pièce.

Les comptes-rendus qui nous sont restés sur cette première représentation ne sont pas toujours d'accord entre eux. Glinka, dans ses *Mémoires*, dit que les deux premiers actes ne firent pas une mauvaise impression, que c'est à partir du troisième que le public commença visiblement à s'ennuyer. La cour quitta le théâtre pendant le cinquième acte. A la fin il y eut même des *chut*, venant en grande partie de la scène et de l'orchestre, se mêlant toutefois aux rappels de l'auteur. M. Youry Arnold dit par contre que ces rappels étaient très nourris et qu'en général l'œuvre obtint plus qu'un succès d'estime.

Ce qui avait nui beaucoup à l'effet, c'est la maladie de madame Pétrova-Vorobieva, l'admirable contralto de l'Opéra-Russe qui avait créé le rôle de Vania dans *la Vie pour le Tsar* et qui cette fois, au dernier moment, avait dû céder le rôle de Ratmir à son homonyme, mademoiselle Pétrova, une commençante, qui depuis lors resta toujours dans l'ombre. On comptait surtout sur la valse du troisième acte pour impressionner le gros du public, et c'est ce morceau précisément qui réussit le moins. Ce n'est qu'à la troisième représentation que parut la célèbre cantatrice, et toute la scène orientale du troisième acte fit d'emblée une grande sensation, au point que pendant dix-sept représentations consécutives (on donnait l'opéra trois fois par semaine) l'auteur et l'interprète étaient chaque fois rappelés.

L'œuvre fut donnée trente-deux fois, jusqu'en carême, ce qui dénote que le succès de la pièce (dont on représenta même une parodie au théâtre dramatique russe) était allé croissant. Les deux saisons suivantes on la donna encore une vingtaine de fois, et *Rousslane* ne disparut de l'affiche qu'avec l'Opéra-Russe lui-même, qui, à l'arrivée des Italiens avec Rubini en tête, fut transféré à Moscou (1).

Il est juste de dire que ce n'est, en réalité, qu'après la mort de Glinka que *Rousslane* fut enfin apprécié à sa juste valeur. L'ouvrage ne reparut à Saint-Pétersbourg, au Théâtre-Cirque, qu'en 1859, après un silence d'une quinzaine d'années, et le succès n'en devint décisif, éclatant, incontesté, qu'à partir de la reprise qui en fut faite en 1864 au Théâtre-Marie. Dès lors il ne quitta plus le répertoire, et le 27 Novembre (10 Décembre) 1892, à l'imitation de ce qu'on avait fait pour *la Vie pour le Tsar*, on célébrait son cinquantenaire avec sa 285ᵉ représentation. Depuis cette époque, le public et la critique se sont mis d'accord pour l'admirer presque sans réserve. « Ce que *Rousslane* renferme de beau, a dit un écrivain, le met au tout premier rang des œuvres de la scène lyrique. Au premier acte, notamment, se déploie un tableau épique de la Russie ancienne, d'une telle envergure et d'une inspiration musicale si originale, que nous ne saurions lui trouver un pendant dans aucun autre opéra du répertoire universel, les grands ensembles choraux de *Guillaume Tell* et des *Huguenots* ne résumant que des épisodes historiques émouvants et non une époque entière avec ses mœurs, ses croyances et sa poésie. Il n'y a que le finale du premier acte de *Don Juan* qui soit aussi riche en idées musicales, aussi pur de style et complexe de formes, sans posséder toutefois le caractère épique inhérent au premier acte de *Rousslane et Ludmilla* » (2).

Les grands artistes du temps, Meyerbeer, Liszt, Berlioz, témoignaient leur admiration pour Glinka. Lorsqu'en 1845 celui-ci vint pour la première fois à Paris, avec le désir d'y faire connaître sa musique, il y trouva Berlioz, qui justement donnait au Cirque des Champs-Elysées une série de grands concerts avec orchestre et chœurs, et qui lui fit la gracieuseté de placer sur ses programmes plusieurs morceaux de son confrère russe. Glinka donna lui-même un concert à la salle Herz, et Berlioz voulant, à cette occasion, le faire connaître à ses lecteurs du *Journal des Débats,* lui écrivit la lettre que voici :

---

(1) *Journal* (français) *de Saint-Pétersbourg*, 27 Novembre - 10 Décembre 1892.
(2) *Journal* (français) *de Saint-Pétersbourg*.

Ce n'est pas tout, Monsieur, d'exécuter votre musique et de *dire* à beaucoup de personnes qu'elle est fraîche, vive, charmante de verve et d'originalité; il faut que je me donne le plaisir d'écrire quelques colonnes à son sujet; d'autant plus que c'est mon devoir.

N'ai-je pas à entretenir le public de ce qui se passe à Paris de plus remarquable en ce genre? Veuillez donc me donner quelques notes sur vous, sur vos premières études, sur les institutions musicales de la Russie, sur vos ouvrages, et, en étudiant avec vous votre partition pour la connaître moins imparfaitement, je pourrai faire quelque chose de supportable et donner aux lecteurs des *Débats* une idée approximative de votre haute supériorité.

Je suis horriblement tourmenté avec ces damnés concerts, avec les prétentions des artistes, etc.; mais je trouverai bien le temps de faire un article sur un sujet de cette nature; je n'en ai pas souvent d'aussi intéressant. H. BERLIOZ.

On peut dire de Berlioz qu'il ne lui arrivait pas souvent non plus d'être aussi aimable. Toutefois, on ne saurait douter de sa sincérité en cette occasion, car il tint parole et publia dans le *Journal des Débats*, à la date du 16 Avril 1845, un feuilleton fort élogieux pour son confrère. Après avoir raconté que naguère, en 1831, il s'était rencontré à Rome avec Glinka, et qu'à l'une des soirées d'Horace Vernet, alors directeur de l'Académie de France, il avait entendu plusieurs chants russes de sa composition délicieusement chantés par Ivanof, et qui, dit-il, « me frappèrent beaucoup par un tour mélodique ravissant et tout à fait différent de ce que j'avais entendu jusqu'alors, » il vient à parler de *la Vie pour le Tsar*, puis de *Rousslane et Ludmilla*, et voici comme il apprécie le talent de leur auteur:

..... M. de Glinka donna à la scène russe un second opéra, *Rousslane et Ludmilla*, dont le sujet est tiré d'un poème de Pouschkine. Cet ouvrage, d'un caractère fantastique et demi-oriental, pour ainsi dire, doublement inspiré par Hoffmann et les contes des *Mille et une Nuits*, est tellement différent de *la Vie pour le Tsar*, qu'on le croirait écrit par un autre compositeur. Le talent de l'auteur y apparaît plus mûr et plus puissant. *Rousslane* est sans contredit un pas en avant, une phase nouvelle dans le développement musical de Glinka.

Dans son premier opéra, à travers les mélodies empreintes d'un coloris national si frais et si vrai, l'influence de l'Italie se faisait surtout sentir: dans le second, à l'importance du rôle que joue l'orchestre, à la beauté de la trame harmonique, à la science de l'instrumentation, on sent prédominer au contraire l'influence de l'Allemagne. Parmi les artistes qui les premiers rendirent éclatante justice aux beautés de la nouvelle partition, il faut citer Liszt et Henselt, qui ont transcrit et varié quelques-uns de ses thèmes les plus saillants. Le talent de Glinka est essentiellement souple et varié ; son style a le rare privilège de se transformer à la volonté du compositeur selon les exigences et le caractère du sujet qu'il traite. Il peut être simple et naïf même, sans jamais descendre à l'emploi d'aucune tournure vulgaire. Ses mélodies ont des accents imprévus, des périodes d'une étrangeté charmante ; il est grand harmoniste, et écrit les instruments avec un soin et une connaissance de leurs plus secrètes ressources qui font de son orchestre un des orchestres modernes les plus neufs et les plus vivaces qu'on puisse entendre. Le public a paru tout à fait de cet avis au concert donné jeudi dernier dans la salle Herz par M. de Glinka. Une indisposition de M.me Soloviev, cantatrice de Saint-Pétersbourg, qui a joué les rôles principaux des opéras du compositeur russe, ne nous a pas permis d'entendre les morceaux de chant annoncés sur le programme ; mais son *scherzo* en forme de valse et sa Cracovienne ont été vivement applaudis du brillant auditoire..... Le *scherzo* est entraînant, plein de coquetteries rythmiques extrêmement piquantes, vraiment neuf, et supérieurement développé. C'est surtout par l'originalité du style mélodique que brillent aussi la Cracovienne et la marche. Ce mérite est bien rare, et quand le compositeur y joint celui d'une harmonie distinguée et d'une belle orchestration franche, nette et colorée, il peut à bon droit prétendre à une place parmi les compositeurs excellents de son époque. L'auteur de *Rousslane* est dans ce cas.

Ce jugement de Berlioz sur Glinka n'est assurément pas sans intérêt, et méritait d'être rapporté. Je ne m'appesantirai pas davantage sur les dernières années de l'existence du compositeur, sur ses nouveaux voyages soit en France, soit en Espagne, sur ses derniers travaux, qui d'ailleurs n'eurent plus le théâtre pour objet. Si je me suis étendu si longuement sur lui, c'est que l'apparition de Glinka est une date flamboyante dans l'histoire de la musique russe et le départ d'une ère nouvelle, c'est que son nom est comme un symbole, c'est que cet artiste admirable est justement considéré dans son pays, et doit l'être partout, comme le fondateur, le créateur de l'opéra national, et qu'à ce titre il a droit à une place et à une attention exceptionnelles.

Oui, Glinka est bien un chef d'école et le porte-drapeau de l'art moderne en Russie. Mais il n'a pas travaillé seulement pour la scène, et il serait injuste d'oublier qu'en dehors du théâtre son œuvre est considérable et varié. On doit faire assez bon marché — et l'on a vu qu'il en faisait bon marché lui-même — de ses compositions d'extrême jeunesse, celles qui précèdent son premier retour en Russie en 1834. Mais à partir de ce moment, il faut considérer sérieusement tout ce qu'il a écrit, ses nombreuses romances sur paroles russes ou françaises, dont beaucoup sont charmantes, sa musique pour le drame de Koukolnik: *le Prince Kholmsky*, une Tarentelle pour orchestre, la *Karaminskaïa*, morceau symphonique exquis et plein d'originalité, ses autres œuvres symphoniques rapportées d'Espagne: la *Jota Aragonesa*, les *Recuerdos de Castilla* et la belle Ouverture espagnole, enfin des chœurs, quelques morceaux de piano et diverses autres compositions de genre (1). Et ce qu'il faut constater, c'est que si *la Vie pour le Tsar* est restée, surtout par le fait de son sujet, l'opéra de Glinka populaire par excellence, *Rousslane et Ludmilla* reste d'autre part, pour beaucoup des compatriotes du maître, la manifestation la plus complète, la plus éclatante et la plus élevée de son noble génie. Ce bel ouvrage a fini par avoir raison des hésitations et des critiques des premiers jours, et il a pris aujourd'hui, dans le répertoire de l'opéra russe, la place qui lui revient de droit, une place brillante, que nul se songe à lui disputer et qu'il doit à ses resplendissantes beautés. C'est surtout par *Rousslane* que Glinka a échappé aux traditions de l'art occidental, c'est là qu'il a déployé toute son originalité et toute sa grandeur et qu'il a affirmé complètement sa personnalité. *La Vie pour le Tsar* était une promesse superbe, *Rousslane et Ludmilla* est un fruit savoureux et mûr.

Comme il n'est jamais sans intérêt de connaître l'homme dans un artiste, j'emprunterai ce portrait moral de Glinka à sa sœur, M.me Ludmilla Schestakow, qui, en publiant ses *Mémoires*, les a complétés par un chapitre duquel je détache les lignes que voici:

Mon frère était une nature naïvement enfantine, tendre, délicate, affectueuse. Il était bien un peu capricieux et enfant gâté; il fallait lui céder en tout. Cependant, s'il avait des torts, il s'empressait de les reconnaître et de les réparer.

---

(1) Je signalerai particulièrement encore: une Polonaise avec chœur; Valse et Polonaise (en *mi majeur*) pour orchestre; Tarentelle pour orchestre, avec chant et danses; Polonaise solennelle, écrite expressément pour le couronnement de l'empereur Alexandre II; un Hymne chérubique; Tarentelle (en *la mineur*) pour piano; enfin, des chœurs de femmes pour les élèves du couvent de Smolna et de l'Institut-Catherine.

Il n'a jamais oublié un service, un bon procédé. Rien n'ébranlait son cœur, ni les discussions de famille, ni les conversations de cercles où le hasard l'amenait. On ne peut dire qu'il eût du désordre, mais il était incapable de diriger ses affaires; ce qui regardait le ménage lui était surtout insupportable. Ses défauts étaient une susceptibilité et une défiance excessives. Il craignait tellement la mort qu'il était ridicule de prudence, et se gardait des moindres choses qui lui paraissaient nuisibles. La plus petite indisposition l'effrayait comme une chose grave. Il se soignait lui-même à l'homœopathie, et avait toujours chez lui une petite pharmacie contenant les remèdes les plus nécessaires. Suivant les principes d'Hahnemann, il craignait les parfums, les odeurs, le camphre surtout, qu'il regardait comme un poison. Les épices et les aromates étaient bannis de ses aliments. Du moins il croyait ainsi: en réalité, la cuisinière ne se gênait pas pour en introduire dans les mets servis sur la table de famille. Un jour, Glinka ayant trouvé dans son potage une feuille de laurier, il la posa sur le rebord de son assiette, en disant: *Je n'aime le laurier ni sur ma tête ni dans la soupe.*

IV.
Deux précurseurs de la « jeune école russe ». Dargomijsky. — Séroff.

Il existe une « jeune école russe », dont les membres sont loin de manquer de talent, mais qui ne brille pas par la modestie et qui s'accorde volontiers à elle-même un brevet d'infaillibilité. Cette jeune école, qui a eu pour initiateurs MM. Balakireff, César Cui, Rimsky-Korsakoff, Borodine et Moussorgsky (ces deux derniers, morts aujourd'hui), et dont le champion littéraire est M. César Cui, chargé de répandre la bonne parole et de propager ses doctrines par la plume, a ceci de commun avec la jeune école wagnérienne franco-belge qu'elle considère avec le mépris le plus complet tout ce qui se fait en dehors d'elle et de ses principes très absolus, et qu'elle n'a que des paroles de commisération dédaigneuse pour tout ce qui pense ou agit autrement qu'elle. Il faut voir avec quelle hauteur presque outrageante M. César Cui parle de grands et nobles artistes tels que Rubinstein et Tschaïkowsky, qui avaient l'audace — ou le malheur — de faire de la musique autrement qu'il ne la comprenait. Il est vrai que Rubinstein et Tschaïkowsky se sont vengés en écrivant des œuvres qui avaient plus de valeur et qui ont eu un autre retentissement que celles de M. César Cui, dont je ne veux point d'ailleurs contester le talent.

J'aurai à m'étendre plus tard d'une façon plus complète sur ce petit cénacle, qui rappelle d'un peu loin celui des romantiques français des environs de 1830 et qu'on appelle à Saint-Pétersbourg « la coterie », coterie qui constitue une sorte d'école d'admiration mutuelle, en dehors de laquelle, au regard de ses membres, il n'y a point de salut — ni d'art véritable :

> Nul n'aura de l'esprit, hors nous et nos amis.

Pour le moment, j'ai à m'occuper de deux artistes qui semblent avoir, chacun en son genre, préparé les voies à ces réformateurs un peu outrecuidants, réformateurs qui sont en même temps des iconoclastes, car ils paraissent ne rien vouloir laisser debout de ce qui s'est fait, produit et créé avant eux. Ces deux artistes, fort inégaux et très différents au point de vue des aptitudes, sont Dargomijsky et Alexandre Séroff.

Dargomijsky, qui commença par suivre en quelque sorte la voie tracée par Glinka, jouit du même avantage que celui-ci : c'est-à-dire que, né d'une famille de riches propriétaires, il eut la chance de voir les siens ne mettre aucune opposition à ses désirs, et qu'il put sans contrainte se livrer à la culture de l'art qu'il affectionnait (1). Fétis, qui l'avait connu personnellement, a donné sur son enfance et sa jeunesse les renseignements assez curieux que voici : — « Dargomijsky était âgé de cinq ans lorsqu'il commença à parler : ses parents avaient cru jusqu'alors qu'il serait muet... Dès son enfance il montra un goût décidé pour les arts, et en particulier pour le théâtre.

---

(1) Alexandre-Serguiévitch Dargomijsky, né dans un village du gouvernement de Toula le 2 février 1813, est mort à Saint-Pétersbourg le 17 janvier 1868.

Il fabriquait lui-même de petites scènes de marionnettes, pour lesquelles il composait des espèces de vaudevilles. A l'âge de sept ans, on lui donna un maître de piano, avec lequel il avait d'incessantes discussions, parce qu'il était plus occupé de la composition de petites sonates et rondos que de l'étude du mécanisme de l'instrument. Quelques années plus tard il apprit à jouer du violon, et devint assez habile sur cet instrument pour faire convenablement la partie de second violon dans les quatuors. C'est alors que la musique lui apparut sous un nouvel aspect: il commença à comprendre la haute portée de cet art. A l'âge de quinze à seize ans il écrivit plusieurs duos concertants pour piano et violon, ainsi que quelques quatuors. Bientôt après, ses parents, éclairés sur sa vocation, confièrent le développement de son talent aux soins de Schoberlechner, pianiste et compositeur distingué, qui lui donna les premières notions d'harmonie et de contrepoint. Parvenu à l'âge de dix-huit ans, Dargomijsky entra, en 1831, au service de l'État dans le ministère de la maison de l'empereur: cependant ses occupations ne l'empêchèrent pas de continuer ses études musicales. A l'âge de vingt ans il brillait déjà dans les salons par son habileté sur le piano. Lisant à première vue la musique la plus difficile, il fut recherché comme accompagnateur par les meilleurs chanteurs, artistes et amateurs. Dans cette occupation, il acquit la connaissance des voix et se passionna pour la musique vocale et dramatique, qui lui fit négliger celle des instruments. C'est alors qu'il écrivit une immense quantité de romances, d'airs, de cantates et de morceaux d'ensemble, avec accompagnement de piano ou de quatuor ».

On voit ce que fut la première jeunesse de Dargomijsky. En somme, il n'était devenu guère autre chose encore qu'un amateur fort distingué, bien que ses aspirations sans doute fussent plus hautes. Mais bientôt il fit la connaissance de Glinka, avec lequel il se lia d'amitié, ce qui peut-être lui donna l'idée de travailler aussi pour le théâtre; et pour mieux suivre son penchant, comprenant que son instruction n'était pas assez complète, il renonça, pour pouvoir l'achever, à son emploi au ministère, et employa plusieurs années à l'étude sérieuse des traités théoriques et à la lecture attentive des partitions des maîtres les plus célèbres. Lorsqu'il se crut sûr de lui, il entreprit d'écrire un opéra et fit choix d'un sujet particulièrement dramatique, celui de *Lucrèce Borgia*. Mais à peine avait-il commencé sa partition qu'il l'abandonna et renonça à ce sujet pour prendre un autre poème de Victor Hugo qui, celui-là, avait été écrit expressément en vue de la scène lyrique : je veux parler d'*Esméralda*, que l'illustre auteur de *Notre-Dame de Paris* avait tiré de cet admirable roman (1). Il mit en musique le texte français, puis, la partition terminée, fit traduire ce texte en russe, et présenta son œuvre à la direction des théâtres impériaux. C'était en 1839, et malgré ses efforts, malgré ses instances, il ne lui fallut pas attendre moins de huit ans une réponse définitive, que, sous mille prétextes, on tardait toujours à lui donner. Enfin, le 5 décembre 1847, *Esméralda* faisait son apparition sur le théâtre de Moscou, où elle obtint assez de succès pour que quatre ans après, en 1851, on la représentât au théâtre Alexandra, de Saint Pétersbourg. Il fut même un instant question, sur le désir exprimé par le fameux chanteur Tamburini, de la traduire et de la transporter sur la scène de l'Opéra italien ; mais la direction des théâtres impériaux s'y refusa décidément, voulant maintenir la décision antérieurement prise de ne plus laisser se produire sous forme italienne aucune œuvre de compositeur russe.

Esméralda est une œuvre de jeunesse, de style un peu composite, conçue jusqu'à un certain point dans la forme des opéras français de Meyerbeer et surtout de ceux d'Halévy, pour le génie duquel, dit-on, Dargomijsky ressentait une vive sympathie. On ne trouve guère trace d'originalité dans ce premier ouvrage ; on en cite pourtant certaines pages comme très vivantes et très bien venues, telles que le curieux et pittoresque épisode du cortège du Pape des fous. On y distingue aussi l'habileté remarquable que déployait déjà Dargomijsky dans sa façon d'écrire pour les voix, habileté que malheureusement il ne savait pas transporter dans l'orchestre. Toutefois ce n'était là, je le

---

(1) C'est pour satisfaire au désir de M.lle Louise Bertin, fille du directeur du *Journal des Débats*, que Victor Hugo s'était décidé, non sans quelque répugnance, à écrire ce livret d'opéra. L'ouvrage fut représenté sur le théâtre de l'Opéra le 14 novembre 1836, avec Adolphe Nourrit, Levasseur et Cornélie Falcon dans les trois rôles principaux. Malgré cette interprétation superbe, malgré le grand nom de Victor Hugo, malgré l'influence immense alors du *Journal des Débats*, l'ouvrage n'eut point de succès et la musique de M.lle Bertin fut jugée très médiocre.

répète, qu'une œuvre de jeunesse, où ne perçait pas encore la future personnalité du compositeur.

A peine avait-il terminé son *Esméralda*, que Dargomijsky s'était mis à écrire un ouvrage moins important, *le Triomphe de Bacchus*, sorte de cantate-ballet dont le sujet était emprunté à Pouschkine. Mais cette fois il se heurta, de la part de la direction des théâtres, à un refus net et absolu, et ce n'est que quelques mois seulement avant sa mort qu'il eut la satisfaction de voir ce petit ouvrage présenté au public (à Moscou, en 1867). Un peu découragé sans doute, il composa alors, dans l'espace de quelques années, une centaine de romances, d'airs, de duos, qu'il publia chez divers éditeurs de Saint-Pétersbourg. Plusieurs de ces romances, remarquables par leur accent et par leur sentiment mélodique, obtinrent de la vogue, et on assure qu'elles firent plus pour sa jeune renommée que n'avait fait son premier opéra.

Cependant, il n'avait pas renoncé à travailler pour la scène. Mais, pour y reparaître, il voulut s'inspirer d'un sujet national, et il trouva encore ce sujet dans le riche répertoire de Pouschkine, auquel il emprunta cette fois sa séduisante *Roussalka* (*l'Ondine*). Ce poème étant justement dialogué et se trouvant coupé d'une façon très heureuse pour l'effet théâtral, il n'eut que peu de retouches à lui faire subir pour l'adapter à la scène et travailla même presque partout sur les vers superbes et si imagés de Pouschkine. On dut pratiquer seulement par-ci par-là quelques coupures, en même temps qu'on ajoutait des chœurs et des danses pour compléter l'effet du spectacle. « *La Roussalka*, dit M. César Cui, réunit l'élément dramatique à la couleur fantastique; ce sujet peut être considéré comme excellent pour la scène lyrique, dans son ensemble et dans ses détails. Il ne faut point oublier d'ailleurs que ce poème n'est pas, du moins pour la plus grande partie, l'œuvre d'un librettiste quelconque, soumis au caprice du compositeur, mais bien l'une des créations les plus admirées du plus grand poète qu'ait eu la Russie » (1). Tout le monde connaît la fable poétique et mystérieuse de l'Ondine, qu'on retrouve dans tous les pays du Nord. Elle est évidemment charmante à mettre à la scène, et elle offre au musicien, avec une couleur exquise, des

---

(1) *La Musique en Russie.*

incidents bien propres à exciter chez celui qui est bien doué la plus merveilleuse inspiration.

Elle a inspiré Dargomijsky de la façon la plus heureuse, et le compositeur a écrit sur cette légende adorable une partition qui a rendu aussitôt son nom populaire et l'a fait considérer comme le successeur direct de Glinka (1). Un critique français qui avait fait, en Russie même, une étude consciencieuse de la musique russe, Gustave Bertrand, en parlait en ces termes: « *La Roussalka* est œuvre de répertoire dans tous les théâtres d'opéra russe, à Pétersbourg, à Moscou, à Kiev, à Odessa. Sans offrir jamais ni le grand souffle génial ni la vive originalité des opéras de Glinka, celui de Dargomijsky jouit d'une popularité presque égale. Le sentiment dramatique y est sincère et souvent chaleureux, la déclamation récitative très vraie; pour les airs, les duos et trios, les finales, l'auteur ne répudiait nullement les formes traditionnelles de l'opéra franco-italien. Le style est d'un travail consciencieux et ingénieux, qui sent parfois l'école, mais la bonne école: à travers tout cela le tempérament personnel s'affirme assez souvent, comme aussi le sentiment national. C'est, en somme, un excellent opéra ». De son côté, M. César Cui, qui blâme précisément le compositeur d'avoir écrit, « comme tous ses prédécesseurs, des airs, des duos, des trios, des scènes d'ensemble », dans lesquels, selon lui, « se révèle son infériorité », apprécie ainsi la partition de *la Roussalka* (2): — « Sous le rapport dramatique, Dargomijsky atteint à une grande hauteur dans plusieurs scènes de *la Roussalka*. A ce point de vue, la musique de cet opéra se prête à deux subdivisions: le récitatif proprement dit, et, d'après la qualification généralement adoptée, les morceaux détachés. Le récitatif

---

(1) L'ouvrage fut représenté à Saint-Pétersbourg, le 4 mai 1856, sur l'ancien Théâtre-Cirque qui, reconstruit depuis lors, est devenu le superbe Théâtre Marie, la véritable scène nationale.

(2) Comme Wagner, dont ils se défendent pourtant avec ardeur de partager les doctrines, les membres de la « jeune école russe » prétendent proscrire absolument de toute œuvre dramatique tout ce qui peut ressembler à un air, à un morceau, à une cantilène, enfin tout ce qui peut prendre une physionomie particulière et se détacher de l'ensemble. Du récitatif, du récitatif, et encore du récitatif! Hors de là, la musique dramatique n'existe pas pour eux, et l'art retombe dans la barbarie.

de Dargomijsky égale ce qui a été fait de plus beau en ce genre. On y chercherait en vain ces lieux communs, ces phrases de convention, uniformes et ennuyeuses, que le moindre musicien pourrait facilement improviser. Pour savoir donner à chaque période, à chaque phrase, le sens musical qui s'y adapte le mieux, pour trouver l'accent mélodique propre à chaque caractère, il faut de hautes facultés spéciales, que Dargomijsky possédait. Chez lui, tous les mots du texte, tous les détails du drame sont comme fondus d'une pièce avec la musique. Il est à présumer que ni le temps ni l'oubli n'atteindront aucun de ces récitatifs mélodiques, aucune de ces phrases accentuées avec tant de vérité, car la vérité ne vieillit pas » (1).

On voit quel enthousiasme excite chez l'écrivain ce récitatif de *la Roussalka*. S'il faut l'en croire, c'est là précisément le point de départ et le signal des doctrines préconisées par la « jeune école russe » en matière de musique dramatique. En quoi le nom et le rôle de Dargomijsky acquièrent une importance exceptionnelle et qu'il faut faire ressortir.

Le moment n'est pas venu encore d'aborder l'historique de cette école. Nous y arriverons bientôt. Mais le dernier ouvrage de Dargomijsky nous amène à effleurer dès maintenant ce sujet. Dans cet ouvrage, *le Convive de pierre*, le compositeur poussera à l'excès l'usage du récitatif ainsi préconisé, c'est-à-dire qu'il en viendra à l'employer exclusivement, et ce pour l'admiration la plus complète des jeunes musiciens qui rêvaient une transformation radicale de l'opéra. « Nous arrivons, dit encore M. César Cui, à la clef de voûte de la nouvelle école d'opéra russe, au dernier ouvrage de Dargomijsky, *le Convive de pierre*. Nous avons déjà pu constater, dans l'analyse de *la Roussalka*, avec quelle vérité Dargomijsky arrive à rendre les situations dramatiques. Pour atteindre ce but, il avait déjà alors rompu avec les formes usitées, et commençait à attacher une très grande importance au *récitatif mélodique*... Peu à peu il se forma un groupe de musiciens qui, par la nature de leur talent et leur manière d'envisager les nouvelles questions de l'art musical, finirent par constituer une nouvelle école d'opéra en Russie. Ces artistes tenaient en grande

---

(1) *La Musique en Russie.*

estime les récitatifs mélodiques de *la Roussalka*. Dargomijsky se joignit à eux avec enthousiasme, et, bientôt repris du besoin de produire, il composa son opéra *le Convive de pierre* ».

Tout ceci est une petite histoire qu'il n'est peut-être pas inutile de faire connaître. L'enthousiasme qu'aurait ici montré Dargomijsky peut paraître un peu excessif en la circonstance, d'autant plus que cet artiste, pour distingué qu'il fût réellement, n'avait ni l'étoffe ni le tempérament d'un chef d'école. La vérité est que le petit groupe de jeunes musiciens alors parfaitement inconnus dont parle M. César Cui et qui comprenait, avec lui-même, Borodine, Moussorgsky, M. Balakireff et un peu plus tard M. Rimsky-Korsakoff, n'était pas fâché de s'abriter sous l'autorité d'un nom déjà presque célèbre. Tous avaient vingt ou trente ans de moins que Dargomijsky, et tous sentaient de quel avantage il serait pour eux de l'avoir en quelque sorte pour porte-drapeau de leurs propres idées, de celles qu'ils avaient l'intention de faire prévaloir et le désir d'imposer au public. Ils se pressèrent autour de lui, réussirent à le circonvenir à force de flatteries, de cajoleries, lui firent croire qu'il n'y avait de salut pour l'art que dans l'excès du procédé dont il avait usé avec sagesse et mesure dans *la Roussalka*, et le poussèrent à outrer l'emploi de ce procédé et à le porter à son extrême limite. Se croyant en effet devenu le prophète d'une nouvelle religion musicale, Dargomijsky se laissa convaincre et finit par céder à leurs conseils et à leurs obsessions. D'ailleurs, déjà fatigué, faible et malade à cette époque, souffrant cruellement d'un anévrisme qui ne devait pas tarder beaucoup à l'emporter, il ne retrouvait pas, en écrivant son *Convive de pierre*, l'inspiration généreuse et chaude qui avait fait la fortune de son œuvre précédente; or, il n'est personne qui ne soit à même de comprendre que pour écrire une partition entière en récitatif, si « mélodique » soit-il, la dépense d'imagination est moindre que lorsqu'il s'agit de faire montre d'idées vraiment musicales et de payer généreusement de son cerveau. Enfin, le poème du *Convive de pierre*, que Dargomijsky avait pris encore à Pouschkine, avait été conçu par celui-ci dans les conditions de la scène dramatique, et non en vue de la scène lyrique; il était, par conséquent, beaucoup trop développé pour cette dernière, et comme le compositeur n'y voulut faire aucun retranchement, pratiquer aucune coupure, il se condamnait, par ce fait, à se priver lui-même de toute espèce de développement, et se voyait obligé de se cantonner absolument dans ce récitatif qu'on lui conseillait insidieusement.

Dargomijsky, déjà souffrant, je l'ai dit, lorsqu'il entreprit d'écrire la partition du *Convive de pierre*, n'eut pas le loisir d'y mettre la dernière main et mourut avant d'avoir pu l'achever complètement. Ce sont deux de ses « disciples » qui se chargèrent de la mettre au point : M. César Cui se mit en devoir de terminer une scène restée incomplète, et M. Rimsky-Korsakoff orchestra tout l'ouvrage. Celui-ci fut représenté seulement quatre ans après la mort de l'auteur, au mois de Février 1872. Il n'est pas besoin de dire, car le titre l'indique assez, que le sujet du *Convive de pierre* est le même que celui de *Don Juan*; seulement, Pouschkine l'avait traité à sa manière, en y apportant des variantes assez sensibles. Quant à Dargomijsky, il va de soi, du moins je le suppose, que son intention n'était point d'entrer en parallèle et en lutte avec Mozart et son chef-d'œuvre. Il voulait, comme on l'a dit, non pas faire mieux, ce qui était malaisé, mais faire autrement. L'entreprise néanmoins était dangereuse, et, quoi qu'en aient pu dire les tenants de la « jeune école », elle ne fut pas des plus heureuses dans ses résultats. *Le Convive de pierre* fut accueilli avec respect, mais aussi avec froideur par le public, et, en réalité, l'ouvrage n'obtint jamais de succès. Ses admirateurs intéressés s'en consolent en affirmant que le public n'est pas fait pour comprendre de telles œuvres et de telles beautés. L'antienne est connue, et commode le procédé. C'est l'habitude de tous ceux qui ne parviennent pas à plaire à la foule, de s'en prendre à l'inintelligence de celle-ci. Il est inutile d'insister sur ce point.

En résumé, la carrière dramatique de Dargomijsky, quoique peu féconde, puisqu'elle ne comprend que trois ouvrages, offre ce fait singulier qu'elle présente aussi trois phases distinctes. Dans le premier de ces ouvrages, *Esméralda*, le compositeur emprunte son style aux formes consacrées de l'opéra occidental. Dans le second, *la Roussalka*, il s'efforce, parfois avec bonheur, de marcher sur les traces de son compatriote Glinka, et sa musique prend un caractère incontestablement national. Enfin, dans *le Convive de pierre*, il répudie avec éclat ses deux premières manières pour en adopter une troisième qui n'aboutit pour lui qu'à un résultat médiocre. Pour tout dire, et en ce qui concerne le grand public, Dargomijsky reste et restera l'auteur de *la Roussalka*, ce qui suffit sinon à sa gloire, le mot étant peut-être trop grand pour lui, du moins à sa très légitime renommée. Il a, par cet ouvrage, suivi la voie si noblement tracée par Glinka, et il l'a fait avec un talent que nul ne saurait contester. C'est là son titre à l'estime et à la reconnaissance de ses compatriotes (1).

Séroff, qui occupe un rang important dans l'histoire de la musique russe contemporaine, le doit moins peut-être à son talent de compositeur qu'au rôle très actif, très turbulent même, qu'il a joué dans le mouvement artistique de ce siècle. Producteur de second ordre (mais dont pourtant on ne saurait, sans injustice, méconnaître la valeur), mais esprit spéculatif et très élevé, particulièrement porté à la critique et aidé par un tempérament essentiellement batailleur, il s'est mêlé avec ardeur, avec passion, avec fureur, pourrait-on dire, à toutes les querelles, à toutes les controverses qui s'élevaient chaque jour sur le terrain musical, et il a dû à cette passion qu'il apportait en toutes choses, et surtout aux choses de la musique, un renom supérieur sans doute à celui qu'auraient pu lui valoir ses seules œuvres musicales. Écrivain exercé, critique acerbe, polémiste redou-

---

(1) Dargomijsky avait entrepris encore un autre opéra, *Rogdana*, du genre fantastique, mais qu'il abandonna presque aussitôt, et dont on ne connaît guère que deux chœurs. Il faut citer de lui trois fantaisies comiques pour orchestre : le *Kazatchok*, danse petite-russienne, une *Fantaisie Finnoise*, et *Baba-Yaga* (morceau intitulé aussi : *Du Volga à Riga*), ainsi qu'une *Tarentelle slave*, pour piano à trois mains. Quant à ses romances, qui sont fort nombreuses, j'ai déjà dit que la plupart sont remarquables et qu'elles ont beaucoup contribué à la réputation de leur auteur.

table, conférencier infatigable, toujours et de toutes façons sur la brêche, prêt en tout temps à l'attaque et à la riposte, il a forcément attiré l'attention sur lui de diverses façons, et, en somme, il a droit à une place à part dans l'histoire du mouvement musical qui s'est produit avec tant d'éclat en Russie au cours de ces cinquante dernières années.

Séroff était fils d'un avocat (1). Dès ses plus jeunes années il donna les preuves d'une rare intelligence et d'aptitudes très diverses, étudiant l'histoire naturelle, apprenant avec une étonnante facilité les langues étrangères (outre le latin et le russe, il parlait couramment le français, l'anglais et l'italien), montrant un goût prononcé pour le théâtre, s'exerçant au dessin, et enfin, par-dessus tout, adorant la musique. Il apprit d'une vieille demoiselle, sa parente, les premiers éléments de l'exécution au piano, mais n'eut point, à proprement parler, d'éducation musicale. Un de ses compatriotes, qui fut son ami après avoir été l'objet de ses critiques, M. W. de Lenz, l'auteur du livre fameux: *Beethoven et ses trois styles*, a dit à ce sujet, dans une rapide étude consacrée à Séroff:

> En 1834, le père de Séroff fit entrer son fils à l'École de droit de Saint-Pétersbourg. Il en sortit en 1840, avec un numéro d'honneur, le deuxième, et entra aussitôt au département du Sénat. A l'École, Ch. Schuberth lui avait donné des leçons de violoncelle; il ne continua point cet instrument. La vieille demoiselle au piano et Schuberth, voilà donc tout son enseignement musical; le reste, il le fit lui-même. Dès sa sortie de l'École, Séroff passa sa vie dans les livres de théorie musicale, en toutes langues, de tous les temps, depuis les Bach, les Kirnberger, les Albrechtsberger, les Fürck, les Catel, les Marck, en écrivant pour son usage la critique des ouvrages, qu'il trouvait tous insuffisants, beaucoup trop peu philosophiques. Il exceptait bien un peu le livre de Marck. Il était en proie à la pensée de fonder une théorie plus simple, mieux assise. Plus il avançait dans cet immense labeur, plus il négligeait son service au Sénat. Il fut transféré en Crimée, en qualité de vice-président d'un tribunal de justice. « J'écrivais de petites fugues pendant les rapports, — me disait-il, — de jolies petites fugues. Un jour qu'il s'agissait du vol d'un cheval, on voulut avoir mon opinion;

---

(1) Alexandre Séroff, né à Saint-Pétersbourg en 1820, mourut subitement en cette ville le 1ᵉʳ Février 1871.

je répondis que je n'avais absolument rien entendu, et levai la séance. Je travaillais alors à mon premier opéra, *une Nuit de Mai*; je l'ai brûlé, il était horrible! » Séroff quitta la carrière judiciaire, au plus grand désespoir de son père, et revint à Saint-Pétersbourg, où nous l'avons rencontré censeur avec un traitement des plus modiques (1).

La façon toute pratique et toute solitaire dont il fit l'étude de la théorie musicale développa dans de larges proportions, chez Séroff, un sens critique dont il possédait le germe, dit-on, à un haut degré. Mais aussi peut-on croire que cet enseignement tout personnel troubla un peu l'équilibre de ses puissantes facultés musicales. En effet, Séroff, qui était un ardent admirateur des œuvres les plus abstraites de la dernière manière de Beethoven et un sectateur acharné des doctrines de Richard Wagner (après s'être montré d'abord leur adversaire impitoyable), semblait trouver dans Beethoven ce que d'autres y chercheraient en vain : un souvenir des anciens modes grecs! et il s'était pris pour ceux-ci d'un tel amour qu'il rêvait une transformation de la gamme moderne à leur profit, et qu'il les aurait volontiers transportés à la scène.

Quoi qu'il en soit, Séroff songea, avant même de penser à aborder la scène comme compositeur (car il ne s'y prit que sur le tard, et à quarante ans passés), à répandre ses idées et ses opinions sur la musique à l'aide de la plume et de la parole. Devenu censeur à la poste de Saint-Pétersbourg pour les journaux étrangers, il n'était pas tellement absorbé par ses fonctions qu'il ne trouvât le temps de s'occuper sérieusement des questions qui l'intéressaient et lui tenaient à cœur. Il commença par publier dans une revue, *le Panthéon*, une série de lettres polémiques destinées à réfuter les idées répandues par son compatriote Oulibicheff dans sa *Nouvelle Biographie de Mozart*, puis une importante brochure dans laquelle il combattait les théories émises par son autre compatriote, M. W. de Lenz, dans le livre intitulé *Beethoven et ses trois styles* (1853). Tout cela pour la plus grande gloire de la dernière manière de Beethoven. Séroff collabora aussi à plusieurs autres journaux russes, donna d'assez nombreux articles de critique au *Journal* (français) *de Saint-Pé-*

---

(1) *Le Guide musical* (de Bruxelles), 1er Novembre 1877.

tersbourg, et fut de 1856 à 1860 l'un des principaux collaborateurs, sinon même le directeur d'une feuille spéciale, la *Revue théâtrale et musicale*. Simultanément, il mettait sa parole au service de l'art qu'il adorait. C'est ainsi que, dans le cours des hivers de 1858 et 1859, il donna, dans l'une des salles de l'Université, une série de dix conférences historiques et esthétiques sur la théorie de la musique, qu'au printemps de 1864 il reprit ces séances en s'attachant cette fois au drame musical, qu'en 1865 il fit, au Conservatoire de Moscou, six conférences sur le même sujet, et qu'enfin, au mois de Janvier 1870, il consacra encore, dans la salle du Club des artistes à Saint-Pétersbourg, six séances à l'étude du développement de l'opéra.

Mais Séroff, en tant que critique, n'était ni tendre ni endurant. Très entier dans ses idées (bien qu'il lui arrivât parfois de se contredire lui-même), avec cela querelleur et poussé par nature à la contradiction, peu ménager dans ses expressions, toujours prêt à porter des coups quitte à en recevoir lui-même, il eut, au cours de sa carrière, des démêlés avec tous ses confrères. « Il n'est pas, écrivait de Saint-Pétersbourg Gustave Bertrand, il n'est pas d'écrivain musical russe avec qui Séroff n'ait soutenu des polémiques enragées, et tournant à tout moment à l'invective. Il est permis de supposer que la bile n'en était pas seule coupable, et que le calcul y était pour quelque chose. Ce n'est pas la première fois qu'on aura vu des débutants casser les vitres pour forcer l'attention publique, et de plus illustres que Séroff ont procédé de même. Weber, critique, secouait vertement l'auteur de la Symphonie avec chœurs avant de devenir lui-même l'auteur du *Freischütz*. Schumann démolissait aussi les temples de ses aînés, croyant surélever les fondations de sa chapelle. Wagner a porté ce talent d'invective au dernier degré du lyrisme avoisinant le délire... Séroff se considérait non seulement comme le premier, mais comme le seul critique russe; il ameuta tous ses confrères contre lui et leur fit tête; d'autre part, il passait au fil de la critique la plus dédaigneuse toutes les autorités musicales de l'Occident; à l'instar des Allemands de la nouvelle Allemagne, il accablait, ou croyait accabler l'auteur de *Robert le Diable* et des *Huguenots;* Meyerbeer, selon lui, n'était qu'un charlatan, ses opéras ne seraient qu'un feu de paille, etc. » (1).

---

(1) *Le Nord*, 24 Novembre 1874.

Et ce qu'il y a de curieux, c'est que, je l'ai dit, Séroff se démentait et se contredisait lui-même avec un aplomb et un sang-froid imperturbables. En voici un exemple. En 1856, dans le *Messager des théâtres et de la musique*, journal fondé et dirigé par Maurice Rappaport, il écrivait en toutes lettres que Liszt et les autres adeptes de Wagner ne savaient ce qu'ils disaient en considérant comme des chefs-d'œuvre les opéras de ce dernier. « Ce ne sont, ajoutait-il, que des œuvres tourmentées, les productions d'un dilettante, doué de talent, il est vrai, mais qui sans doute n'aura point pu achever ses études. L'impression générale causée par les œuvres de Wagner, *c'est un ennui insupportable* ». Il disait encore que, dans ses ouvrages, l'élément mélodique *est très faible*, et que la majeure partie de sa musique n'est qu'une *psalmodie assommante*, greffée sur une harmonisation désagréablement originale et une orchestration prétentieuse *à la Meyerbeer ou à la Berlioz*. Or, dans le même journal, deux ans plus tard, à la date du 30 Juillet 1858, Séroff, ayant à parler de nouveau de Wagner, déclarait qu'il faut être *complètement idiot* en musique pour ne pas sentir *les effluves de la vie, de la poésie et de la beauté* qui coulent à pleins bords de ses œuvres lyriques. Et il ajoutait, avec une emphase dénuée de politesse : « Que le crétinisme cesse donc d'exercer sa rage impuissante contre l'œuvre immortelle de Wagner ». Il faut avouer que si sa critique brillait par une qualité, ce n'est toujours pas par la tenue dans les idées (1).

C'est sous l'empire de ces dernières opinions émises sur Wagner, de l'enthousiasme exubérant qui remplaçait si rapidement chez lui les sentiments antérieurement exprimés avec tant de dédain, que Séroff se sentit enfin piqué de l'aiguillon du théâtre. Au cours de l'hiver de 1860, Mme Adélaïde Ristori, l'admirable tragédienne italienne, était allée donner avec sa troupe une série de représentations à Saint-Pétersbourg, et se faisait surtout applaudir dans la *Giuditta* de Giacometti, qui lui valut un triomphe éclatant. Séroff, ébloui et comme subjugué par le talent que déployait la grande artiste dans cet ouvrage, vit dans ce sujet biblique de *Judith* celui d'un poème

---

(1) Au moment où je corrige les épreuves de ce travail, j'apprends qu'on vient de publier à Saint-Pétersbourg, en quatre volumes, le recueil des écrits et des études critiques de Séroff sur la musique.

excellent pour la musique, et résolut de s'en emparer à son tour en le transportant sur la scène lyrique. Suivant l'exemple que lui donnait Wagner, devenu son modèle de prédilection, il voulut, lui aussi, écrire les paroles en même temps que la musique de l'opéra qu'il rêvait, et il se mit aussitôt à l'œuvre. Toutefois, il ne traça pas seul son scenario, et se fit aider dans ce travail par un poète italien ; mais ensuite il en écrivit les vers, qui, en quelques endroits, furent retouchés et parfois récrits par un poète habile nommé Maïkof (1). Puis enfin, il s'occupa de sa partition. Plus influent sans doute et plus heureux que ne l'avait été naguère Dargomijsky, il eut la chance, son œuvre une fois terminée, de la voir accepter sans retard par la direction de l'Opéra russe, et sa *Judith* fut représentée sur ce théâtre, au mois de Juin 1863, avec Sariotti et Mme Bianchi dans les deux rôles principaux.

« Le style de Séroff dans *Judith*, a dit M. César Cui, est un reflet de celui de Wagner dans la période de *Lohengrin* ». Et encore : « Séroff a écrit son premier opéra en se modelant aussi strictement que possible sur les opéras de Wagner, sans toutefois sacrifier complètement à l'orchestre l'indépendance de la partie vocale, comme le fait le compositeur allemand. Un semblable procédé ne conviendrait jamais à un musicien russe ; Séroff, lui aussi, le considérait comme défectueux ». La partition de *Judith* est en son ensemble très inégale et présente, à côté de pages colorées et brillantes, un peu plus de non-valeurs qu'il ne faudrait. Néanmoins, si l'on songe que c'est là la première œuvre, et surtout la première œuvre scénique du compositeur, il y a lieu de s'étonner qu'elle soit tracée avec tant de hardiesse et de sûreté, et je crois qu'on trouverait malaisément un autre artiste révélant à son début une telle habileté. Si la partition de *Judith* laisse une large place à la critique, on en peut citer pourtant, avec les éloges qu'ils méritent, un certain nombre de morceaux : au premier acte, qui ne manque pas de couleur, mais qui est un peu trop vide d'idées, une prière d'un bel effet ; au second, un long monologue de Judith, d'une réelle beauté, suivi malheureusement de

---

(1) Séroff, en publiant le livret de *Judith*, a très honnêtement marqué entre guillemets les vers de Maïkof, après l'avoir remercié dans sa préface.

scènes dont les récitatifs pâteux et lourds ne commandent guère l'intérêt; au troisième, la marche triomphale d'Holopherne, page symphonique d'une rare puissance et d'un grand effet, le double chœur féminin des odalisques, qui est charmant avec ses rythmes curieusement brisés, et des danses d'un tour plein de grâce; ici encore, malheureusement, de longues mélopées récitatives, sans accent et sans intérêt aucun, alanguissent l'action jusqu'au chœur final. Le quatrième acte offre un beau *cantabile* de Judith, des airs de danse, dont quelques-uns accompagnés de chant, plus heureux peut-être encore que les précédents, et un air farouche et viril d'Holopherne, sorte de chant de guerre plein de caractère écrit sur ces paroles: « Nous marchons dans le désert brûlant; nos poitrines respirent du feu; un cheval s'abat, un chameau succombe; seuls, les vaillants avancent au fond du désert; une ville dorée apparaît à l'horizon bleu; une armée nous barre le passage. Au combat! Il y a de belles femmes là-bas, dans cette ville pavée d'or. Brisons tout sous les pieds de nos chevaux, et puis dans la cité nous coucherons en rois ». Il n'y a pas grand'chose à dire du reste.

A tout prendre, et quoique la valeur en fût secondaire, *Judith* était une tentative intéressante, venant d'un musicien qui paraissait pour la première fois à la scène. Aussi fut-elle accueillie sinon avec chaleur, du moins avec attention et sympathie. Nous avons vu que Séroff avait conçu cet ouvrage sous l'influence des doctrines wagnériennes (il venait de faire un voyage en Allemagne, où il avait connu Liszt et Wagner). Sa volonté de les mettre en pratique était très nette, et il s'en expliquait très nettement aussi, tout en se promettant d'écrire une autre œuvre dans une autre manière. A quelqu'un qui lui demandait pourquoi, pour son début sur la scène russe, il avait fait choix d'un sujet biblique au lieu de prendre un sujet national:

— Je n'ai pas voulu, répondit-il, paraître marcher sur les traces de Glinka.

Et comme son interlocuteur s'étonnait qu'il n'eût pas hésité pourtant à imiter Wagner:

— C'est bien différent! répliqua-t-il. Wagner est presque inconnu chez nous. Eh bien, on apprendra à le connaître, ne fût-ce que d'après le style de *Judith*. Puisque ce genre est nouveau ici, il ne saurait prêter à des comparaisons, tandis que les allures de Glinka eussent été reconnues aussitôt. Je ne voulais pas passer par les fourches caudines: le parallèle aurait pu tourner à mon désavantage. Du reste, je me propose de composer un autre opéra sur un sujet national, dès que j'aurai trouvé des tournures de phrases *sui generis* qui ne permettront pas de me confondre avec les imitateurs de Glinka.

Cet ouvrage, auquel il songeait déjà, il ne perdit pas de temps pour l'écrire, car il fut représenté deux ans et demi seulement après *Judith* et sur le même théâtre, au mois de Novembre 1865. Celui-ci était en cinq actes aussi, et avait pour titre *Rognéda*. Il en avait pris le sujet dans les annales nationales, c'est-à-dire dans un épisode lointain et un peu confus de l'histoire russe, l'époque de la conversion du peuple au christianisme. Comme pour *Judith*, il s'était fait encore son propre poète, et il était lui-même l'auteur du texte de son drame.

On a dit que Séroff s'était donné pour tâche principale, dans *Rognéda*, de faire contraster l'élément païen avec l'élément chrétien. C'est effectivement sur cette opposition constante des deux éléments qu'a porté tout l'effort du compositeur, et c'est là que réside surtout l'effet voulu de la musique. Un de mes confrères français a caractérisé ainsi l'œuvre et ses tendances:

..... Dans l'opéra de *Rognéda*, nous avons pu constater d'étranges contrastes de styles différents, reliés ensemble par une volonté toute-puissante, mais non fondus. S'agit-il d'exprimer les passions inquiètes de Rognéda et de Roualde, voici les procédés tourmentés du wagnérisme qui prédominent. S'agit-il de mettre en scène les divertissements d'une cour primitive, le style aussitôt se fait très simple d'harmonie, très clair de mélodie et très carré de rythmes. Toutes les fois que reviendra l'élément chrétien, le style imitera très exactement les allures spacieuses de la musique d'église; quelques affectations d'archaïsme se feront remarquer dans certains passages religieux ou populaires; puis, tout redeviendra facile, pur et gracieux pour les chansons des femmes du *terem*... On peut dire que ces manières diverses se plaquent trop distinctement sur telles ou telles régions de l'œuvre. On ne songe pourtant pas à se plaindre des disparates, parce que chacune des nuances est toujours employée à propos: l'unité d'inspiration résulte de cette application constante à tirer sincèrement la musique du drame même. C'est l'idéal, en effet, que doit se proposer tout compositeur dramatique;

mais il ne faut pas que l'effort et la préméditation se trahissent. Or, en écoutant le drame lyrique de *Rognéda*, on se sent en face d'une œuvre inspirée sans doute, mais encore plus voulue qu'inspirée. Telle est l'impression générale (1).

Un fait à remarquer aussi dans la partition de *Rognéda*, c'est, avec l'emploi de certains motifs d'un caractère vraiment national, l'introduction par endroits d'une harmonie qui rappelle les tonalités grégorienne et populaire issues de la musique antique. Séroff a obtenu par-là quelques effets curieux. Constatons du reste que *Rognéda* fut accueillie par le public avec une sympathie beaucoup plus vive que *Judith*. L'ouvrage fit sensation, à ce point que l'empereur voulut, en lui accordant sur sa cassette une pension annuelle de 1200 roubles, récompenser l'auteur de son effort et de son succès.

Séroff écrivit encore un troisième ouvrage, *Vrajiè Sila* (titre qu'on traduit sous celui de *la Force maligne*, ou encore *le Pouvoir du Diable*), dont il avait emprunté le fond à une comédie d'Ostrowski et qu'il avait divisé en quatre actes. Mais il n'eut pas le temps de s'occuper de la représentation de cet opéra, qui ne fut livré au public qu'après sa mort. Celui-ci se rapprochait jusqu'à un certain point, dans sa forme, des tendances de la jeune école musicale russe; aussi M. César Cui, l'historiographe assermenté de cette dernière, n'est-il pas pour lui sans quelque indulgence, bien que son succès paraisse avoir été médiocre.

Au reste, je ne crois pas sans intérêt de rapporter ici le jugement général que porte M. Cui sur le talent de Séroff, auquel il distribue à doses à peu près égales le blâme et l'éloge: — « C'est principalement, dit-il, aux scènes de mœurs populaires que Séroff sait donner de la couleur et de la vie. Son intelligence, ses lectures et un avantageux emploi des mélodies nationales l'ont bien servi de ce côté. Toutes les scènes populaires de ses opéras sont d'un coloris vrai et plein de naturel. Dénuées parfois d'intérêt musical, elles n'en sont pas moins d'une justesse de ton qui monte sans peine l'imagination de l'auditeur au diapason du lieu et des épisodes qui se déroulent à ses yeux. Il en résulte que les morceaux les mieux réussis dans

---

(1) GUSTAVE BERTRAND, *Les Nationalités musicales étudiées dans le drame lyrique* (1872).

les opéras de Séroff sont, en général, les chœurs, les chansons et les danses ». Et plus loin : — « A proprement parler, Séroff n'a pas beaucoup fait progresser l'opéra russe. Il y a introduit un orchestre très sonore et très brillant, mais bien moins élégant que celui de Glinka ; il l'a enrichi de quelques peintures réalistes et caractéristiques de la vie du peuple. Si on ajoute à cela les efforts nombreux qu'il a faits pour se rapprocher de la vérité expressive, tant pour la forme que par le fond (dans *Judith*, en prenant pour modèle l'œuvre de Wagner, et dans *la Force maligne*, en suivant d'aussi près que possible le courant de la nouvelle école russe), on verra que son œuvre mérite considération, et que, parmi les musiciens de second ordre, il a et il conservera une place distinguée dans l'histoire du développement de l'opéra russe » (1).

En dehors du théâtre, Séroff n'a pas écrit autre chose qu'un *Stabat Mater*. On connaît de lui quelques morceaux d'un opéra commencé avant *Judith*, mais bientôt abandonné et resté inachevé.

Avant de terminer la première partie de ce travail, il me faut dire quelques mots d'un compositeur qui, s'il n'a pas exercé d'influence sur le sort et sur les progrès de la musique russe, n'en était pas moins vraiment distingué, et a droit à une mention particulière en sa qualité d'auteur du chant national russe. Je veux parler du général Lvoff et de son hymne fameux : *Bojé, Tsariakhrani (Dieu protège le Tsar)*, que les circonstances ont rendu si populaire en France en ces dernières années (2).

---

(1) *La Musique en Russie*.
(2) Alexis-Théodore Lvoff, né le 25 Mai 1799 à Réval, en Esthonie, est mort le 28 Décembre 1870, dans son domaine du gouvernement de Kowno.

Il serait peut-être injuste de passer aussi sous silence un artiste non pas russe, mais qui se fixa et mourut en Russie, le compositeur Dütch, auquel M. César Cui a consacré les lignes que voici : — « La Russie n'était que le pays d'adoption de Dütch, né à Copenhague ; il vint s'établir à Pétersbourg en 1848 et mourut en 1863. Il avait été élève de Mendelssohn au Conservatoire de Leipzig. Pendant tout le cours de sa vie laborieuse, il n'éprouva que déboires et chagrins, qu'insuccès et déceptions. Il fut obligé, pour vivre, tantôt de se faire chef d'une harmonie militaire, tantôt de conduire l'orchestre d'un jardin public. D'incessants déplacements, un travail hors de proportion avec ses forces, la misère enfin se réunirent pour entraver le développement de sa carrière de compositeur, ébranlèrent en même temps sa santé et hâtèrent sa mort. En 1860, le public de

Fils d'un artiste lui-même fort distingué, Théodore Lvoff, qui fut maître de la chapelle impériale et auquel il devait être appelé à succéder, Alexis Lvoff avait montré dès son plus jeune âge de rares aptitudes musicales. De très bonne heure il devint un violiniste fort habile, et il étudia la composition surtout à l'aide d'une lecture assidue et attentive des œuvres des grands maîtres. « Tous les moments de liberté que lui laissaient ses devoirs du service de l'État, a dit de lui Fétis, où il était entré fort jeune, suivant l'usage établi dans la noblesse russe, il les consacrait à l'art pour lequel il se sentait une passion invincible. C'est ainsi que par des travaux persévérants pendant plus de trente ans, M. Lvoff s'est fait une juste réputation de violoniste et de compositeur. Servant honorablement son souverain et son pays, il parvint par degrés au rang de général major, et l'empereur Nicolas, ayant apprécié son mérite dans la musique, lui confia, en 1836, la place de directeur de la chapelle impériale. En 1840, M. Lvoff a visité Paris et Leipzig, et il s'y est fait connaître avantageusement comme violoniste et comme compositeur ». On connaît de Lvoff plusieurs ouvrages dramatiques: *le Bailli de village*, en trois actes, sur texte russe, représenté à Saint-Pétersbourg; *Bianca e Gualtiero*, opéra italien, aussi à Saint-Pétersbourg; *Ondine*, opéra féerique en trois actes, sur texte allemand, représenté à Vienne en

---

Saint-Pétersbourg fit connaissance avec son opéra *la Croate*, qui n'eut que sept représentations. Ce n'est pas là sans doute une chute décisive au théâtre russe: les opéras qui tombent pour ne plus se relever ne sont pas joués plus de trois fois. Cependant, il faut bien convenir que c'est un insuccès ; et on ne peut que le regretter, car il y a dans cet ouvrage les preuves d'un talent remarquable. A la vérité, on peut reprocher à Dütch une absence assez fréquente d'originalité, de personnalité musicale : sous le rapport de la forme, *la Croate* est écrite plus ou moins sur des modèles universellement connus ; à certaines pages il n'est pas difficile de reconnaître tantôt l'influence de Meyerbeer, tantôt celle de Mendelssohn ; plusieurs thèmes sont empruntés aux rapsodies hongroises de Fr. Liszt. Nonobstant ces réminiscences, il est impossible de méconnaître les belles qualités de cette œuvre, l'entrain, l'esprit vivace qui courent d'un bout à l'autre de la partition, le bon goût, la saine conception artistique qui a présidé à son ordonnance, le charme séduisant de sa brillante orchestration. Le talent de Dütch n'est certainement pas de nature à être divinisé ; son opéra n'a point fait progresser l'art lyrique ; mais s'obstiner à ignorer cette œuvre charmante, c'est faire preuve de parti-pris. Elle ne méritait point le dédain du public, elle mérite encore moins l'ostracisme des musiciens ». Dütch mourut non à Saint-Pétersbourg, comme le croit et le dit M. César Cui, mais à Francfort-sur-le-Mein.

1846; *la Brodeuse*, en un acte, sur texte russe, représenté à Saint-Pétersbourg. On doit aussi à Lvoff un *Stabat Mater*, six Psaumes et 28 chants détachés composés pour le service des chantres de la chapelle, trois Fantaisies pour violon avec orchestre et chœurs, dont une sur des thèmes de chansons de soldats russes, et un assez grand nombre de compositions instrumentales ou vocales moins importantes. Il a publié aussi, en onze volumes in-4°, un recueil immense des chants antiques de toutes les parties de l'office divin du rit grec de Russie, harmonisés à quatre parties sur le texte slave.

Mais ce qui a rendu surtout populaire par toute la Russie le nom de Lvoff, c'est sa composition de l'Hymne national russe, dont il a raconté lui-même en ces termes l'enfantement dans ses *Mémoires:*

J'accompagnais en 1833 l'Empereur Nicolas dans son voyage en Prusse et en Autriche. De retour en Russie, je fus informé par le comte de Benkendorf que le souverain, regrettant que nous autres Russes nous n'eussions pas d'hymne national, et fatigué de l'air anglais qui y avait suppléé pendant de longues années, me chargeait d'essayer d'écrire un hymne russe.

Le problème me parut extrêmement difficile et sérieux. En me rappelant l'hymne britannique si imposant: *God save the King*, le chant français si plein d'originalité, et l'hymne autrichien dont la musique est si touchante, je sentais et je comprenais la nécessité de faire quelque chose de fort, de grand, d'émouvant, de national, pouvant retentir dans une église, dans les rangs de l'armée, au milieu d'une foule populaire, accessible à tout le monde, depuis le savant jusqu'à l'ignorant. Cette pensée m'absorbait, les conditions du travail dont j'étais chargé me rendaient perplexe.

Un soir, rentrant très tard chez moi, je composai et écrivis en quelques instants la mélodie de l'hymne. Le lendemain, j'allai chez Joukovsky pour lui demander les paroles; mais il n'était pas musicien et eut beaucoup de mal à les adapter à la conclusion mineure de la première cadence de la mélodie.

J'annonçai enfin au comte de Benkendorf que l'hymne était prêt. L'Empereur voulut l'entendre et vint (le 23 Novembre 1833) à la chapelle des chantres de la Cour, accompagné de l'Impératrice et du grand-duc Michel. J'avais réuni le chœur complet des chantres, renforcé de deux orchestres.

Le souverain fit répéter plusieurs fois l'hymne, voulut l'entendre chanter sans accompagnement, puis le fit exécuter par chaque orchestre séparément et par tous les exécutants réunis. Sa Majesté me dit alors en français: *Mais c'est superbe!* et elle ordonna séance tenante au comte de Benkendorf d'informer le ministre de la guerre que l'hymne était adopté pour l'armée. Cette mesure fut promulguée le 4 Décembre 1833. La première audition publique de l'hymne eut lieu le 11 Décembre 1833 au Grand-Théâtre de Moscou. L'Empereur paraissait vouloir soumettre mon œuvre à l'appréciation du public de Moscou. Le 25 Décembre, l'hymne retentit dans les salles du Palais d'Hiver, à la cérémonie de la bénédiction des drapeaux.

Le souverain voulut bien m'accorder, comme témoignage de sa satisfaction une tabatière en or enrichie de brillants, et Sa Majesté ordonna en outre que les mots: *Dieu protège le Tsar*, seraient placés dans les armoiries de la famille Lvoff (1).

C'est à son hymne, dont le caractère est vraiment noble, imposant et majestueux, que Lvoff doit son incontestable popularité. Son talent indiscutable n'a apporté d'autre part, je l'ai dit, aucun élément particulier pour le progrès de la musique russe. Nous avons vu que celle-ci doit son émancipation à Glinka, que les travaux de Dargomijsky, en continuant l'œuvre du grand initiateur, ont contribué à l'affermir, et que Séroff lui-même n'a pas été sans quelque influence sur le mouvement des idées dans le sens national. Nous allons entrer maintenant dans la période contemporaine, d'une part avec Rubinstein et Tschaïkowsky, que leur intelligence très vive portait à ne pas briser complètement et d'une façon absolue avec le traditiona-

---

(1) Voici, relative à une exécution assez curieuse de l'hymne de Lvoff, une note que j'emprunte à la *Gazette musicale* du 24 Août 1856:

« L'hymne populaire russe, par Lvoff, sera chanté à trois reprises différentes lors du couronnement de l'Empereur, pendant le feu d'artifice qui représentera successivement l'image des tsars Pierre le Grand, Nicolas et Alexandre II. La première fois, l'hymne sera exécuté par un chœur composé de 1000 voix; la seconde fois, par tous les chœurs réunis et les corps de musique militaire; et la troisième fois, avec accompagnement de canons, que l'on fera partir moyennant un appareil électro-galvanique ».

Voici, d'autre part, la traduction française des paroles de l'hymne russe:

> Dieu, protège le Tsar!
> Fort, puissant,
> Règne pour notre gloire.
> Règne pour la terreur des ennemis,
> Tsar orthodoxe!
> Dieu, protège le Tsar!

Comme dernier renseignement intéressant, j'ajoute que l'illustre auteur de *Faust* et de *Mireille*, Charles Gounod, a écrit sur le motif de l'hymne de Lvoff une Fantaisie pour piano-pédalier avec orchestre.

lisme occidental, dont ils reconnaissaient aisément les qualités d'expérience et d'éducation, de l'autre avec les membres de la « jeune école russe », un peu trop orgueilleuse sans doute et douée d'une conscience excessive de sa valeur, mais dont l'originalité est évidente et qui, avec les concessions que le public et les circonstances l'obligeront à faire et lui imposeront en quelque sorte malgré elle, prépare à l'art national une ère brillante et dont on ne saurait mesurer encore ni l'importance ni l'étendue.

Deuxième Partie.

I.

Deux indépendants.
Antoine Rubinstein. — Pierre Tschaïkowsky.

Avant de parler du groupe d'artistes que j'ai signalé dans le chapitre précédent, ce groupe qui prend lui-même le nom de « jeune école russe » et qui comprend les noms de Borodine et de Moussorgsky, de MM. César Cui, Balakireff et Rimsky-Korsakoff, lesquels affectent le dédain le plus magnifique pour tout être qui se permet d'avoir des idées personnelles et de ne pas suivre leur courant, il me faut faire connaître les deux musiciens qu'ils accablent surtout de leur mépris, et qui sont précisément la plus grande gloire et le plus grand honneur de la Russie musicale contemporaine. Les deux nobles figures de Rubinstein et de Tschaïkowsky surgissent en effet, mâles et fières, au-dessus de leurs émules et de leurs rivaux, qu'elles dominent de toute leur hauteur, et, quoi qu'en puissent dire ceux-ci, ce sont elles qui personnifient l'art actuel dans son éclat le plus incontestable et le plus radieux. Quel que soit le talent d'ailleurs indiscutable d'un Borodine, d'un Moussorgsky, d'un Rimsky-Korsakoff, talent auquel il serait injuste de ne point rendre hommage, il faut bien admettre qu'il pâlit devant le tempérament vigoureux, original, plein de puissance et de générosité des deux grands artistes dont la perte récente a été pour la Russie comme une sorte de deuil national. Tous deux doués par la nature d'une façon merveilleuse, tous deux travailleurs acharnés, tous deux producteurs infatigables, s'affirmant dans tous les genres et les abordant tous comme en se jouant et avec le même bonheur, écrivant tour à tour des opéras, des ballets, des symphonies, des quatuors, des mélodies vocales, de grandes compositions instrumentales, ils semblent avoir reculé les bornes de l'activité humaine, et si leur œuvre est inégal, il est tellement nombreux, tellement varié, si remarquable d'ailleurs en son ensemble, qu'on peut pardonner quelques faiblesses à ces deux créateurs si souvent heureux et qui méritent l'admiration et comme la reconnaissance de tout ce qui a le sentiment vrai de la beauté, de la grandeur et de la noblesse dans l'art. Je les qualifie l'un et l'autre d'« indépendants, » parce que, à l'encontre des membres de la prétendue « jeune école russe, » ils se sont toujours peu souciés des théories préconçues, ont fui les petites sectes et les petites chapelles, n'ont jamais voulu s'enrégimenter, et, confiants dans leur génie, se sont bornés à éclairer la route et à marcher droit leur chemin, un chemin qui les a conduits ensemble à la renommée et à la gloire.

Parlons d'abord de l'aîné des deux, d'Antoine Rubinstein, qui ne fut pas seulement un compositeur de premier ordre, mais aussi, on peut le dire, l'un des plus grands virtuoses de ce siècle, et des plus extraordinaires. Il me semble le voir encore, lorsqu'il vint, il y a quelque dix ans, pour la dernière fois se faire entendre en France. Un corps d'Hercule, la poitrine vaste et développée, les épaules larges

Rubinstein à l'âge de onze ans.

et puissantes, la charpente solide, la face carrée, sans barbe ni moustaches, le front haut et saillant, la chevelure noire et épaisse, le nez fort, la bouche sensuelle, les yeux enfoncés dans l'orbite et dont le regard, quoique pénétrant, semblait un peu vague et indécis, toute la physionomie d'un vrai slave, avec la bonté peinte sur la figure, — tel était, au physique, ce pianiste incomparable, qui émerveilla les deux mondes, et qui était surtout apprécié chez nous, où il revenait toujours avec joie, parce qu'il s'y sentait vraiment compris et justement admiré. Un virtuose étonnant d'ailleurs, prodigieux, colossal, aux facultés les plus diverses, aux qualités les plus opposées, joignant la grâce à la vigueur, l'élégance à la force, supérieur en toutes choses, apte à tous les styles, et qui procurait à ses auditeurs des émotions inoubliables. Que Rubinstein s'attaquât à Beethoven ou à Weber, à Schubert ou à Mendelssohn, à Field ou à Hummel, à Schumann ou à Moscheles, à Liszt ou à Chopin, c'était, avec la différence des procédés applicables à chaque maître, avec le caractère merveilleusement compris et rendu de chacun d'eux, c'était toujours la même perfection, la même supériorité, on peut dire le même idéal dans l'art de l'interprétation la plus intelligente, la plus poétique et la plus exquise.

Et ce virtuose au génie superbe, plein de hardiesse et de fierté, de fougue et de grandeur, n'a cessé, pendant près d'un demi-siècle, de charmer, d'étonner et d'émouvoir ses contemporains en visitant successivement tous les pays, en se faisant admirer sous toutes les latitudes. Il serait difficile en effet de désigner une contrée en Europe qu'il n'ait pas parcourue, un seul point de ce vieux monde, sans compter le Nouveau, où ses doigts enchantés — et enchanteurs — n'aient fait résonner, à la grande joie de ceux qui pouvaient l'entendre, les touches d'un piano. On l'a vu aller de Pologne en Allemagne, d'Allemagne en Hollande, de Hollande en Belgique, de Belgique en France, puis en Suisse, en Italie, en Autriche, en Hongrie, en Danemarck, en Suède, en Angleterre, et enfin, traversant les mers, aller stupéfier jusqu'aux Américains des États-Unis et du Canada! D'ailleurs toujours victorieux, toujours triomphant, toujours maître du public et de lui-même, et en même temps toujours bon, serviable, généreux, prêt à mettre son talent au service de bonnes œuvres, d'œuvres utiles ou d'artistes malheureux.

Et ce voyageur infatigable, ce virtuose si prodigue de son talent, a trouvé le temps de composer une douzaine d'opéras, deux grands drames bibliques, plusieurs scènes lyriques, des concertos et des sonates de piano, des trios, des quatuors, des quintettes, une demi-douzaine de symphonies, des ouvertures et plusieurs compositions diverses pour orchestre, près de deux cents *lieder*, chansons ou romances sur paroles russes, françaises ou allemandes, et bien d'autres œuvres que je ne saurais énumérer! Et il a été pendant cinq ans directeur du Conservatoire de Saint-Pétersbourg, fondé et organisé par lui, et où il avait su réunir des professeurs tels qu'Henri Wieniawski, Dreyschock, Davidoff, Leschetitzki, Napravnik, Soloview...! Et il fut ensuite directeur de celui de Vienne, pour revenir à celui de Saint-Pétersbourg! Et il avait le titre et remplissait les fonctions de virtuose de l'Impératrice et de maître de chapelle de la cour! Et il a fondé et dirigé pendant plusieurs années la Société musicale russe, à la tête de laquelle il rendit de si grands services! Et pendant plus de trente ans il fut virtuellement à la tête du mouvement musical de son pays, mouvement devenu si intéressant et si intense! On peut dire qu'il y a pour certains êtres des grâces d'état, et l'on se demande comment ils peuvent suffire à tout et venir à bout d'un si effroyable labeur .....

Le père d'Antoine Rubinstein était un industriel qui habitait Wechwotynez, ville de la Bessarabie, où son fils naquit le 16/28 novembre 1829 (1), et qui, peu de temps après la naissance de ce fils, alla se fixer à Moscou, où il fonda une fabrique de crayons. Sa mère, qui était bonne musicienne et qui jouait bien du piano, voyant l'enfant rester toujours près d'elle, attentif et curieux, lorsqu'elle s'exer-

---

(1) Cette date, souvent donnée d'une manière inexacte, a été relevée sur l'acte de baptême du compositeur. Antoine Rubinstein est mort le 20 novembre 1894.

çait sur cet instrument, lui donna de bonne heure ses premières leçons. Mais l'organisation du bambin était telle et ses progrès furent si rapides que promptement il lui fallut un autre maître. On le confia à un excellent professeur, auteur d'une Méthode fort estimée, Alexandre Villoing, qui le prit en affection et lui fit donner son premier concert à Moscou en 1838, avant même qu'il eût accompli sa neuvième année. Deux ans après, en 1840, Villoing, étant obbligé de faire un voyage à Paris, demanda à emmener son élève, ce qui lui fut accordé. Dès son arrivée ici il le produisit dans un concert où le petit prodige exécuta différentes œuvres de Bach, de Beethoven, de Hummel, de Chopin et de Liszt. Ce dernier, qui était présent, témoigna sa vive surprise de ce qu'il entendait et encouragea l'enfant de toutes façons. Villoing et son élève ne rentrèrent en Russie qu'après avoir parcouru la Hollande, l'Angleterre, où le petit Rubinstein étonna Mendelssohn comme en France il avait étonné Liszt, l'Allemagne, la Suède et le Danemarck, l'enfant se faisant entendre partout et partout obtenant de vifs succès. Il en obtint de plus grands encore dans sa patrie, où son jeune frère Nicolas commençait lui-même à étudier la musique (1). Mme Rubinstein résolut alors de se rendre en Allemagne avec ses deux fils, qui, malgré leur jeune

---

(1) Nicolas Rubinstein, né en 1835 à Moscou, mort en 1881, fut lui-même un artiste extrêmement remarquable, chef d'orchestre excellent et virtuose de premier ordre. Fixé à Moscou comme son frère le fut à Saint-Pétersbourg, il y fonda en 1859 la Société musicale Russe, dont il ne cessa jusqu'à sa mort de diriger les concerts, et cinq ans après, en 1864, fonda le Conservatoire de cette ville, dont il prit la direction et qu'il organisa d'une façon remarquable. Nicolas Rubinstein, absorbé par ses fonctions de professeur et de chef d'orchestre, n'a publié que quelques rares compositions, d'ailleurs distinguées. Au printemps de chaque année et pendant le carême, il allait donner à Saint-Pétersbourg une série de concerts. Lorsqu'en 1878, à l'occasion de l'Exposition universelle de Paris, on organisa dans la salle du Trocadéro des concerts étrangers, Nicolas Rubinstein fut désigné pour venir diriger trois concerts russes. Ses programmes étaient composés d'une façon si intéressante et son superbe talent de chef d'orchestre faisait ressortir les œuvres d'une façon si brillante, que ces trois concerts furent insuffisants à satisfaire la curiosité du public et qu'il dut en donner un quatrième. Le succès d'enthousiasme qu'avait obtenu Nicolas Rubinstein comme chef d'orchestre ne se démentit pas lorsqu'on l'entendit comme virtuose pianiste. Il fut couvert d'applaudissements en exécutant, avec un talent magistral, le beau concerto de Tschaïkowsky et une Valse-caprice de son frère Antoine Rubinstein.

âge, manifestaient le désir d'étudier la composition. A Berlin elle se fit présenter à Meyerbeer, et sur les conseils de ce grand homme elle les confia au célèbre professeur Dehn, dont ils devinrent les élèves pendant deux années. Je passe sur le temps qui suivit pour retrouver Rubinstein en Russie, où il revint en 1848. Il se fixa à Saint-Pétersbourg, — son père était mort, — où il vécut en donnant des leçons de piano. Il écrivait déjà beaucoup, et donna quelques concerts pour faire connaître ses compositions. Enfin, en 1852, il fit représenter son premier opéra, *Dimitri Donskoï*. Cet ouvrage, qui fut très bien accueilli, lui valut une protection précieuse, celle de la grande-duchesse Hélène. Prévoyant l'avenir qui était réservé au jeune artiste, cette princesse intelligente et bonne l'invita à passer les étés dans son palais de Kamenoïostrow, où il pourrait travailler en toute liberté. Rubinstein ne se fit pas prier pour accepter, et c'est alors, à l'incitation de sa protectrice, qu'il écrivit trois opéras en un acte, *la Vengeance*, *les Sept Chasseurs sibériens* et *Tom l'idiot*, dont chacun devait offrir un tableau des mœurs d'une des parties de la Russie. De ces trois ouvrages, le dernier seul fut représenté alors (mai 1853), et avec un succès médiocre (1).

Cependant, le talent de Rubinstein se développait d'une façon si remarquable, que quelques-uns de ses compatriotes songèrent à lui procurer les moyens de faire un grand voyage pour le perfectionner encore et le faire apprécier à l'étranger. La grande-duchesse Hélène et les comtes Wielhorski lui vinrent en aide à cet effet, et au commencement de 1857 Rubinstein quittait la Russie pour venir tout d'abord à Paris, où, dès son premier concert, il produisait un effet foudroyant. Il en donna trois, qui furent pour lui autant de triomphes, et dans lesquels il fit entendre plusieurs de ses œuvres importantes: son quatuor en *mi* mineur, dont l'andante avec sourdines est d'un effet si délicieux; la sonate pour piano et violon (op. 19), qui est une œuvre vraiment magistrale, pleine d'énergie et de passion; le concerto en *sol* majeur, avec orchestre, composition originale, abon-

---

(1) Un autre, *les Sept Chasseurs sibériens*, fut joué en 1854 sur le théâtre grand-ducal de Weimar. La traduction allemande du livret avait été faite par un musicien de grande valeur, Peter Cornelius, auteur de deux opéras qui obtinrent du succès: *le Cid* et *le Barbier de Bagdad*.

dante en belles mélodies et en harmonies nouvelles; plusieurs morceaux de moindre importance (Courante, Nocturne, Barcarolle, Valse), et enfin la symphonie en *si* b, dont l'effet fut moins heureux que pour ses œuvres de piano. Le succès général fut immense, aussi bien en ce qui concerne le compositeur que le virtuose (1).

A partir de ce moment, Rubinstein marche de triomphe en triomphe, et, comme un victorieux qu'il est, parcourt l'Europe dans tous les sens, excitant partout, avec la plus vive curiosité, l'enthousiasme le plus bruyant et le plus expansif. Dès l'année suivante il revenait à Paris, où il retrouvait un public plein de sympathie; puis, de nouveau de retour dans son pays, il se voyait bientôt absorbé par les travaux de la fondation et de la direction du Conservatoire de Saint-Pétersbourg, par ceux de l'organisation de la Société musicale russe, par les nombreuses et importantes compositions en tout genre qu'il mettait au jour, aussi bien que par les soins à donner aux opéras qu'il faisait représenter tant en Allemagne qu'en Russie même.

La situation qu'il occupait dès lors à Saint-Pétersbourg était absolument prépondérante, et l'on peut dire, quoi qu'en puissent penser quelques-uns, qu'à partir de ce moment Rubinstein se trouvait virtuellement à la tête du mouvement musical de son pays, considéré par tous, excepté par quelques envieux, comme un chef, un maître et un modèle. De haute lutte il avait conquis la renommée, son admirable talent de virtuose était aussi incontesté qu'incontestable, son ascendant sur le public et les artistes était immense, et s'il est permis

---

(1) En parlant du concerto en *sol* majeur, un excellent journal, la *Revue et Gazette musicale*, s'exprimait ainsi : — « C'est une œuvre originale. L'orchestre est brillant, jeune, vigoureux, et pourtant cette riche instrumentation n'étouffe jamais la partie principale : elle dialogue, lutte de sonorité contre ses effets, si puissants qu'ils soient, et redit en ingénieuses imitations ses dessins gracieux ou énergiques, toujours d'un caractère neuf, piquant, inattendu. L'andante est ravissant de mélodie, et le final étincelant de force et d'éclat. Nous ne savons si c'est là de l'art classique, rétrospectif ou moderne, actuel; mais, à coup sûr, c'est de l'inspiration, de la science; elle plaît à l'esprit, remue le cœur et fait naître l'enthousiasme, qui a souvent éclaté en bravos frénétiques, en rappels réitérés, en *bis* pour des morceaux délicieux de composition et d'exécution, et surtout pour la marche des *Ruines d'Athènes*, de Beethoven. Jamais les effets de *decrescendo* et de *smorzando* du son n'ont été si bien compris et poussés à un tel degré de perfection ».

de croire que son génie de compositeur, parfois violent, heurté, n'était pas sans quelque inégalité et donnait prise à certaines critiques, il n'en est pas moins vrai que dans tous les genres il a produit des œuvres remarquables, souvent superbes, et que sa puissance de production tenait du prodige. Or, nul ne l'ignore, la fécondité est un signe de force, et reste l'apanage des tempéraments sains et vigoureux.

Rubinstein avait cependant, en Russie même, sinon des ennemis, du moins des adversaires acharnés, qui, loin de reconnaître sa supériorité, frémissaient en quelque sorte sous le joug et le combattaient chaque jour avec une ardeur digne d'une meilleure cause. C'était les membres de la « jeune école, » cette école dont j'ai parlé, si intransigeante, si vaine, si orgueilleuse, qui voulait absolument révolutionner l'art, qui n'admettait de bon que ce qui sortait de ses rangs et qui conspuait tout artiste assez audacieux pour ne pas plier le genou devant elle et subir sa suzeraineté. C'est cette jeune école qui ne craignit pas de se rendre ridicule en poussant l'amour du paradoxe jusqu'à dénier à Rubinstein sa nationalité artistique. Et qu'on ne croie pas qu'ici je plaisante ou j'exagère. Voici, à ce propos, les propres paroles de M. César Cui, qu'il n'a pas hésité à imprimer: « Ce serait une grande erreur de considérer Rubinstein comme un compositeur russe ; *c'est simplement un russe qui est compositeur* (la distinction n'est-elle pas adorable?); sa musique a plutôt de l'affinité avec la musique allemande, et alors même qu'il veut traiter des thèmes russes, l'esprit et le génie national lui font défaut » (1). Ainsi, parce que Rubinstein n'a pas voulu suivre servilement les conseils et la voie de ces messieurs, parce qu'il n'a pas voulu briser absolument avec les doctrines et les théories connues jusqu'à ce jour, parce qu'il a cru qu'on pouvait encore faire de bonne musique en obéissant aux préceptes depuis longtemps en usage, on le met hors la loi musicale et on le considère en son pays comme un étranger, comme un intrus! Alors, quoi? Faudra-t-il, pour plaire à ses détracteurs, supprimer le nom glorieux de Rubinstein et l'effacer de

---

(1) *La Musique en Russie*. C'est en parlant de la 5me symphonie de Rubinstein (op. 107), connue sous le nom de Symphonie russe, que M. César Cui, Christophe Colomb d'un nouveau monde musical, a fait cette admirable découverte. On peut en sourire.

l'histoire de la musique russe? On conviendra que la plaisanterie est un peu forte, et qu'elle dépasse plus que de raison les bornes du sens commun.

Au reste, les jugements portés de tout temps et en tous pays sur Rubinstein sont souvent si singuliers, si disparates, que lui-même s'en amusait et critiquait à son tour ses critiques en disant avec humour, dans une lettre à un ami: «... Les juifs me considèrent comme un chrétien, les chrétiens comme un juif, les classiques comme un wagnérien, les wagnériens comme un classique, les Russes comme un Allemand, et les Allemands comme un Russe ». Tout cela parce qu'il était simplement un indépendant, et prétendait ne s'enrégimenter dans aucune coterie!

M. César Cui, qui, dans sa brochure: *la Musique en Russie*, consacre généreusement 72 pages à l'analyse des travaux de Dargomijsky, de Séroff et de ses amis les membres de la « jeune école russe », en sacrifie huit à peine pour expédier lestement tout ce qu'il trouve à dire de ces deux artistes admirables: Rubinstein et Tschaïkowsky. Et il faut voir, obligé qu'il est pourtant d'en parler, et leur renommée lui interdisant la possibilité de les passer sous silence, avec quelle aimable désinvolture il les traite, leur reprochant d'abord comme un crime cette fécondité puissante qui a contribué à les faire si grands. « Dès l'âge le plus tendre, dit-il, Rubinstein commença à composer dans tous les genres, avec une facilité inouïe. Sous ce rapport, c'est un vrai enfant du siècle — *du siècle des chemins de fer, des télégraphes et des téléphones* (la raillerie est transparente). Il a écrit des opéras, des oratorios, des symphonies, des quatuors, des romances, de la musique de chambre, etc. etc. Cette universalité même peut faire naître des doutes relativement à la valeur de ces ouvrages. Qui trop embrasse mal étreint. » Voilà qui est carré, et le jugement est sommaire. Mais je m'en voudrais de ne pas faire connaître dans son détail ce jugement perfide. On remarquera que chaque fois que l'écrivain semble accorder une qualité à l'artiste dont il s'occupe, un *mais* vient aussitôt détruire traîtreusement l'effet de cette concession forcée. Le morceau est vraiment curieux:

.....Rubinstein a le jet mélodique d'une abondance extrême, *mais* trop souvent il se contente de la première idée venue, distinguée ou banale, riche ou pauvre. Dans le commencement de sa carrière, ses idées musicales reflétaient celles de

Mendelssohn ; ce n'est que plus tard qu'elles ont acquis une individualité plus marquée.

Rubinstein est un harmoniste expérimenté, plein de naturel ; *mais* il ne paraît pas rechercher particulièrement la nouveauté de ce côté. De même, très habile dans le maniement des formes, et surtout des formes symphoniques, il se montre peu soucieux d'innover dans l'opéra ; il traduit de son mieux les situations scéniques, sans vouloir employer d'autres moyens que ses devanciers. En musique dramatique, il n'a ni reculé ni avancé, et semble avoir pris pour devise le « juste milieu ».

L'orchestre de Rubinstein est parfaitement équilibré et sonne bien ; *mais* on n'y trouve guère la recherche des effets neufs et piquants, des ingénieuses combinaisons d'instruments, si en honneur parmi les compositeurs contemporains. Rubinstein a prouvé en quelques occasions qu'il n'y est point étranger, *mais* il ne semble pas s'y complaire.

Pour caractériser d'une façon générale la musique de Rubinstein, nous dirons qu'elle coule de source, sans entraves ; qu'elle ne manque pas de chaleur, parfois un peu artificielle et mélodramatique, qu'elle a aussi de l'ampleur, *mais* n'est pas exempte de longueurs ; elle sent trop en général l'improvisation, le travail est hâtif et peu réfléchi. La poésie, la profondeur lui manquent souvent, *mais* le lieu commun y abonde, et c'est là son défaut principal. Les belles pages, quand il s'en trouve dans ses œuvres, sont presque absorbées par le lieu commun, — cette hydre aux cent têtes, contre laquelle l'auditeur musicien finit par user sa force de résistance.

On voit que l'éreintement est complet, et que sous les quelques fleurs semées par ce langage doucereux se cache un joli paquet d'épines. Mais cela ne saurait nous faire prendre le change et nous inciter à méconnaître la vraie et très haute valeur du merveilleux artiste que fut Rubinstein. Quoi qu'on en puisse dire, si Rubinstein n'a pas été toujours heureux au théâtre, il y a obtenu néanmoins des succès éclatants et parfaitement justifiés. Et quel est donc le compositeur qui n'a connu que des triomphes ? Parmi ses opéras les plus fortunés il faut citer surtout *les Enfants des Landes*, dont le succès a été grand par toute l'Allemagne ; *le Démon*, dont la carrière fut particulièrement brillante et dont les représentations se comptent par centaines à Saint-Pétersbourg et à Moscou ; *les Machabées*, qui firent aussi sensation en Allemagne ; enfin *Néron*, partition puissante, pleine de couleur, chaleureuse à souhait et d'une inspiration grandiose. Rubinstein, il est vrai — et c'est là ce qui fâche M. César Cui, réformateur farouche et exigeant — Rubinstein conserve les formes traditionnelles de l'opéra, écrit des chœurs, des airs, des morceaux d'ensemble, et ne se perd pas dans les méandres infinis du « récitatif mélodique », si bien fait pour endormir les gens ; mais si ses œuvres sont vivantes, pathétiques, inspirées, si elles entraînent l'auditeur et font naître en lui les sensations et les émotions qu'il réclame, n'atteignent-elles pas le but que doit se proposer toute production artistique, et ne doivent-elles pas être les bien-venues ? Ceci ne veut pas dire, toutefois, que Rubinstein n'a écrit pour la scène que des chefs-d'œuvre. On a justement reproché à certains de ses ouvrages des longueurs fâcheuses, une lourdeur évidente dans la forme, un orchestre trop compact et trop touffu. Mais il n'empêche que lorsqu'il était porté et inspiré par son sujet, comme dans *le Démon*, *Néron*, *les Machabées*, ses opéras sont dignes des plus grands éloges. Que, ainsi que l'a dit M. César Cui, l'art dramatique de Rubinstein se rapproche volontiers des tendances de l'école allemande (non point de celle de Wagner, qu'il a toujours combattu), c'est possible, c'est vrai. Il n'en reste pas moins, même sous ce rapport, un créateur remarquable et d'ordre supérieur (1).

---

(1) Voici la liste complète des œuvres dramatiques de Rubinstein : 1° *Dimitri Donskoï*, Saint-Pétersbourg, 1852 ; — 2° *Tom l'idiot*, un acte, Saint-Pétersbourg, mai 1853 ; — 3° *la Vengeance*, un acte (non représenté) ; — 4° *les Sept Chasseurs Sibériens*, un acte, Weimar, 1854 ; — 5° *les Enfants des Landes*, 4 actes, texte allemand de Mosenthal tiré d'une jolie nouvelle de Carl Beck intitulée *Janko*, Vienne, théâtre Kærntnerthor, février 1861, interprété pour les deux rôles principaux par Mme Czillag et le ténor Ander (devenu fou en 1864) ; — 6° *Feramors*, 3 actes, texte allemand de Julius Rodenberg tiré de *Lalla Roukh*, le célèbre poème de Thomas Moore, Dresde, théâtre Royal, 24 février 1863, interprété par Schnorr de Karolsfeld et Mme Janner-Krall ; — 7° *le Démon*, 3 actes, texte russe de Wiskowatoff tiré d'une légende célèbre de Lermontoff, Saint-Pétersbourg, théâtre Marie, 25 janvier 1875, joué par Komissarewski, Melnikoff, Mmes Raab, Krutikoff et Schrœder ; — 8° *les Machabées*, 3 actes, texte allemand de Mosenthal, Berlin, Opéra Royal, représenté le 17 avril 1875 sous la direction de l'auteur, avec Betz, Ernst, Mlles Brandt et Grossi pour interprètes ; — 9° *Néron*, 4 actes et 7 tableaux, texte français de M. Jules Barbier, représenté en allemand à Hambourg le 1er novembre 1879 (Winckelmann, Krückl, Landau, Mmes Sucher, Prochaska et Borrée), en italien à Saint-Pétersbourg le 10 février 1884 (Sylva, Cotogni, Valero, Mmes Amelia Stahl, Maria Durand et Repetto), en français à

Mais la musique dramatique ne constitue, si l'on peut dire, que la plus petite partie de l'œuvre colossal de Rubinstein. Il faut citer aussi d'abord sa musique d'orchestre : six symphonies (parmi lesquelles *l'Océan* et la Symphonie dramatique); une ouverture de concert; l'ouverture d'*Antoine et Cléopâtre;* la fantaisie intitulée *Eroica*, et deux compositions caractéristiques d'une très haute valeur chacune en son genre, *Don Quichotte* et *Ivan le Terrible*. C'est à propos de la 5ème symphonie, dite « Symphonie russe, » et de quelques autres compositions dans lesquelles Rubinstein a fait emploi de thèmes nationaux, que M. Cui écrit négligemment que « de toute sa musique, c'est encore ce qui lui a le moins réussi »; et il ajoute : « Quoique Russe de naissance et ayant beaucoup fait pour le développement de la musique dans son pays, Rubinstein est un compositeur *allemand*, successeur direct de Mendelssohn. Il traite les mélodies russes à la manière allemande, ce qui constitue un amalgame des moins esthétiques. Des thèmes russes, il a moins saisi l'esprit que le côté extérieur, c'est-à-dire certaines cadences, certains contours mélodiques. *Il reste étranger à la poésie, à la profondeur, à la beauté tranquille de nos chants nationaux* ». Eh bien, oui, Rubinstein est peut-être, musicalement, moins foncièrement « russe » que quelques-uns de ses confrères (d'ailleurs fort au-dessous de lui) ; oui, son génie

---

Anvers en 1885 et à Rouen le 14 février 1894 ; — 10° *le Marchand Kalachnikoff*, 3 actes, texte russe de Koulikoff tiré d'un poème célèbre de Lermontoff, Saint-Pétersbourg, théâtre Marie, 5 mars 1890 (défendu par la censure après sa seconde représentation et repris le 10 janvier 1889); — 11° *la Sulamite*, opéra biblique, Hambourg, 1882 ; — 12° *Entre voleurs*, opéra-comique en un acte, Hambourg, 1882 ; — 13° *le Perroquet*, opéra-comique en un acte, Hambourg, (?) ; — 14° *Moïse*, opéra religieux en 8 tableaux, texte allemand de Mosenthal, Riga, mars 1894 ; — 15° *le Christ*, opéra religieux (posthume) en un prologue et 7 parties, texte allemand de M. Bulthaupt, Brême, 25 mai 1895. — A cela il faut ajouter un ballet en 3 actes, *la Vigne*, représenté à Vienne ; deux oratorios dramatiques : *le Paradis perdu*, exécuté au festival de Kœnigsberg en mai 1863, et *la Tour de Babel*, exécuté sous la direction de l'auteur, le 20 mai 1872, au festival rhénan de Dusseldorf ; et enfin deux grandes scènes lyriques avec orchestre : *Agar dans le désert* et *le Lyrique et le Requiem pour Mignon*, vaste composition sur la partie poétique du *Wilhelm Meister* de Goethe, chantée à Vienne, en avril 1872, par Krückl et Mmes Messnick et Passy-Cornet. On a signalé encore un drame musical intitulé *Hécube*, dont Rubinstein aurait écrit la musique à Vienne en 1873, sur un poème de Goldhann, mais qui n'a jamais été représenté.

a des affinités avec le génie allemand; mais il est loin pourtant de se laisser absorber par celui-ci, sa personnalité reste vivace et puissante, et, quoi qu'on en puisse dire, cette personnalité est telle qu'au point de vue de l'accent, du style et de la couleur la musique de Rubinstein ne saurait, à mon sens, être confondue avec la musique allemande. Comme à la musique symphonique, cette réflexion s'applique encore, et plus encore peut-être, à la musique de chambre et à la musique de piano de Rubinstein. Dans la musique de chambre il faut signaler particulièrement le quintette pour piano et instruments à vent, op. 55, les quatuors op. 17, 66 et 90, les trios op. 15, 52 et 85, les sonates pour piano et violon op. 13, 19 (un pur chef-d'œuvre!), 41 et 49, piano et violoncelle op. 18 et 39, piano et alto. Puis il faut mettre à part la série des concertos avec orchestre: 5 concertos de piano (le cinquième surtout est superbe), 2 concertos de violon, un concerto de violoncelle. Cette musique instrumentale de Rubinstein se distingue par la franchise de l'accent, la puissance des rythmes, la vitalité, souvent la fougue et parfois l'exubérance. Elle est essentiellement originale, et si l'on y peut reprendre certaines faiblesses, si l'on peut lui reprocher parfois un manque de mesure et de proportions (c'est là le défaut sensible chez Rubinstein), on n'en saurait méconnaître la noblesse, la grandeur et l'éclat. Pour ce qui est de la musique de piano proprement dite, qui ne comprend pas moins de 238 (*deux cent trente-huit*) morceaux, elle place certainement Rubinstein au premier rang et à la tête de tous les compositeurs russes. Inégal, parfois long et diffus dans sa musique d'orchestre (avec des éclairs de génie et une conception d'une rare puissance), il se fait remarquer, dans ses œuvres pour le piano, par une réelle abondance mélodique, une grande richesse de formes, et tantôt par la grâce, tantôt par la chaleur, toujours par une personnalité vigoureuse qui s'impose à l'attention. Il y a un choix à faire, assurément, parmi des compositions si nombreuses et de genres si divers, et toutes ne sont pas d'égale valeur. Mais que de beautés dans la plupart des sonates, et combien de jolis morceaux dans les recueils des *Soirées musicales*, des *Miscellanées*, de l'*Album de Peterhof*, etc.! (1). Ses valses, ses barcarolles, ses tarentelles, ses ro-

---

(1) Notre excellent professeur Marmontel, dont le jugement est si droit, si sûr

mances sans paroles sont souvent exquises et prouvent toute la souplesse, toute la fertilité de son imagination, ses préludes et fugues, d'une forme un peu trop libre, n'en sont pas moins intéressants, et il n'y a plus à faire l'éloge de l'adorable série du *Bal costumé*, qui est depuis longtemps célèbre.

Et comment ne pas mentionner aussi la musique vocale de Rubinstein, si nombreuse et si savoureuse ? Ses délicieuses *Mélodies Persanes*, qui sont empreintes d'une couleur si originale ; et la jolie collection de *duetti* que l'auteur écrivit, pour la plupart, à l'intention des deux filles de Meyerbeer; et toute cette longue série de *lieder* à une ou deux voix, si populaires en Allemagne, que l'on commence à connaître en France et parmi lesquels on rencontre de véritables petits chefs-d'œuvre !

En résumé, si l'on peut reprocher à Rubinstein une trop grande fièvre de production, qui ne lui laissait pas toujours le loisir de châtier et de polir ses œuvres comme il eût fallu, si par instants il pêche au point de vue de l'élégance et de la pureté du style, si, comme on l'a dit, il lui arrivait parfois de se contenter trop facilement de la première idée venue, il rachetait largement ces défauts par d'immenses qualités: l'abondance de l'inspiration, la chaleur de la pensée, l'ampleur de la forme, et la générosité d'un tempérament qui lui permettait d'aborder tous les genres sinon avec une égale

---

et si expérimenté, apprécie en ces termes les sonates de Rubinstein : — « Rubinstein a écrit plusieurs grandes sonates pour piano seul, et des sonates concertantes pour piano et violon, piano et violoncelle. Ces œuvres, de haut style, sont toutes dignes de la réputation du maître. L'exposition des idées, le plan, les développements, les épisodes affirment les inspirations élevées, les fortes études, la science et l'habileté de facture du compositeur. J'ai souvent fait jouer le premier morceau de la sonate op. 12 aux examens de ma classe, et cette œuvre a toujours été distinguée pour sa belle ordonnance et la noblesse des idées musicales » (MARMONTEL, *Virtuoses contemporains*). — Il me faut toujours en revenir à M. César Cui ; mais c'est qu'en vérité il est étrange de voir, dans un écrit intitulé *la Musique en Russie* et qui devrait au moins justifier son titre, l'auteur *ne pas dire un seul mot* de la musique de piano de Rubinstein, tandis qu'il cite avec complaisance celle de compositeurs plus ou moins obscurs. Celui qui lirait cette brochure sans être au courant du sujet ignorerait absolument le Rubinstein compositeur de piano. Est-ce que le feu P. Loriquet ferait des élèves en Russie ?

supériorité, du moins à l'aide de facultés qui montraient toujours en lui un artiste original, puissant, et doué d'une vigueur peu commune. Ce qui est certain, c'est que sa musique est toujours vivante, colorée, pleine de verve et de chaleur, et que quand le compositeur est vraiment inspiré il entraîne infailliblement l'auditeur à sa suite, excite en lui l'enthousiasme et lui arrache les applaudissements. Ce qui est certain aussi, d'autre part, c'est que pendant quarante ans et plus Rubinstein est resté sur la brèche, soit comme virtuose, soit comme professeur, soit comme chef d'orchestre, soit comme compositeur, c'est qu'il a donné l'exemple à tous, qu'il a activé le mouvement musical de son pays dans des proportions inouïes, qu'il a rendu à l'art des services éclatants, que c'est enfin beaucoup grâce à lui, à son action, à ses efforts, à sa vaillance, que l'école musicale russe a pu se faire connaître à l'étranger et conquérir la place qu'elle ambitionnait. Cela surtout, nul ne devrait l'oublier, et ce sont toutes ces causes réunies qui assurent à Rubinstein une place à part, et singulièrement importante, dans l'histoire de la musique en Russie. Voilà pourtant l'homme, l'artiste dont certains de ses compatriotes méconnaissent volontairement la valeur, qu'ils traitent avec un dédain affecté et qu'ils seraient prêts à renier pour un des leurs. Il faut plaindre vraiment ceux qui sont impuissants à comprendre, à apprécier, à admirer les facultés d'un artiste si extraordinaire, dont son pays a le droit d'être fier et glorieux.

Rubinstein montrait plus de justice et de générosité envers ces critiques farouches qu'il n'en obtenait de leur part. Dans un écrit publié par lui il y a quelques années et dont une traduction française a paru sous ce titre: *la Musique et ses représentants* (Paris, Heugel, 1892, in-8°), il s'exprimait ainsi sur le compte de la « jeune école » :

Notre jeune école russe est, dans la musique instrumentale, un résultat de l'influence de Berlioz et de Liszt ; au point de vue spécial du piano, il faut y joindre l'influence de Schumann et de Chopin. Et par-dessus tout cela s'accuse encore une tendance nationale cherchée et voulue. Les productions de l'école russe révèlent une complète connaissance de la technique et un véritable coloris de maître, mais en même temps aussi une absence complète de dessin et de forme. Glinka, qui a écrit quelques pièces pour orchestre sur des thèmes de danses et de chansons nationales, sert encore de modèle aux jeunes compositeurs russes, qui continuent à écrire le plus souvent sur des thèmes populaires et nationaux, manifestant par cela même la pauvreté de leur invention propre, pauvreté qu'ils s'efforcent de cacher sous le manteau du « nationalisme » ou sous l'épithète de « nouvelle école ». Je ne sais s'il y a quelque chose à en attendre dans l'avenir ; mais je ne désespère pas, parce que l'originalité de la mélodie, du rythme et du caractère musical russe permet en quelque sorte une fécondation nouvelle de la musique en général (je crois la musique orientale appelée de même à une pareille fécondation), et aussi parce que l'on ne peut contester le grand talent de quelques représentants de cette école russe.

Maintenant que le grand artiste n'est plus là, que l'éclat de son génie ne peut plus rejeter dans l'ombre ceux que ce génie blessait et offusquait, peut-être la haine et l'envie vont-elles s'éteindre, et verra-t-on ses ennemis cesser de l'outrager pour lui rendre enfin la justice qui lui est due (1).

Ceux-là englobaient dans la même animadversion un autre grand artiste, Pierre Tschaïkowsky, l'élève et l'ami de Rubinstein, qui, comme lui, prétendait ne s'inféoder à aucune école, à aucune coterie, et marcher librement dans la voie qu'il s'était tracée (2). Cette indépendance lui valut le même dédain, les mêmes sarcasmes qu'à Rubinstein, mais il s'en souciait tout aussi médiocrement et ne s'en troublait en aucune façon, songeant uniquement à l'art, qu'il aimait, au public, qu'il respectait, et à la gloire, qu'il ambitionnait.

---

(1) Les documents ne manquent pas pour ceux qui voudraient les consulter sur Rubinstein. Il y a d'abord les biographies russes de MM. Baskine (Moscou, 1886), N. Lissowsky (Saint-Pétersbourg, 1889), et Don Menquez (Odessa, 1889), plus les propres *Mémoires* du compositeur, qui ont paru en russe en 1889, et en allemand, à Leipzig, en 1893. On peut voir aussi les numéros du *Journal* (français) *de Saint-Pétersbourg* des 5 Avril et 11 Juillet 1889 et 2 Janvier 1892. Enfin, on a publié dans divers pays les ouvrages suivants: *Anton Rubinstein*, par A. van Halten (Utrecht, 1886); *Anton Rubinstein*, biographischer abriss, par B. Vogel (Leipzig, 1888); *Anton Rubinstein*, a biographical sketch, par A. M' Arthur (Édimbourg, 1889); *Anton Rubinstein*, ein Künstlerleben, par E. Zabel (Leipzig, 1892); *Antoine Rubinstein*, par Albert Soubies (Paris, 1894).

(2) Pierre-Iljitsch Tschaïkowsky, né le 25 Avril 1840 à Votkinsk (province de Viatka), est mort subitement à Saint-Pétersbourg le 13 Novembre 1893, un an et une semaine avant Rubinstein.

Fils d'un ingénieur des mines (1), Tschaïkowsky n'était point destiné à suivre la carrière artistique, bien que dès l'âge de quatre ans,  dit-on, il ait commencé à témoigner d'un goût très prononcé pour la musique. Son père, dont le désir était de le voir entrer dans la magistrature, le fit admettre, lorsqu'il eut accompli sa dixième année, à l'École impériale de droit de Saint-Pétersbourg, où il ne trouva guère moyen de s'occuper sérieusement de l'art qu'il aimait. Il resta là neuf ans, et ce n'est que vers la fin de son séjour à l'École que son père consentit à lui faire prendre des leçons de piano avec un excellent professeur nommé Rodolphe Fündinger. De cette époque seulement datent ses premières études artistiques, et c'est alors que son penchant pour la musique se manifesta dans toute sa force.

Cependant, il avait à peine terminé ses études de droit qu'il entrait dans les bureaux du ministère de la justice, où il allait rester trois années encore. Ces fonctions ne l'empêchèrent pourtant pas de poursuivre l'éducation musicale qu'il avait commencée. Il était devenu assez habile pianiste ; mais ses désirs allaient plus loin et plus haut, et il sentait très bien qu'on n'est point musicien tant qu'on ne s'est pas familiarisé avec la théorie de l'art. Justement, un didacticien

---

(1) Sa mère, née d'Assier, descendait d'une vieille famille française qui s'était réfugiée et fixée en Russie à la suite de la révocation de l'édit de Nantes.

distingué qui s'est fait connaître aussi comme compositeur, Nicolas Zaremba, ouvrait en ce moment à Saint-Pétersbourg un cours d'harmonie et de composition (1). C'était au commencement de 1861. Tschaïkowsky se fit inscrire au nombre de ses élèves, suivit ce cours avec assiduité et s'y fit remarquer par la rapidité de ses progrès. Ces progrès furent tels que, l'année suivante, Rubinstein ayant fondé le Conservatoire de Saint-Pétersbourg, Tschaïkowsky put s'y faire admettre et, sans cesser de travailler avec Zaremba, devint l'élève de Rubinstein lui-même, avec lequel il étudia surtout l'instrumentation.

Vers 1865, son éducation étant terminée, il commença à se livrer à la composition. La première œuvre qu'il produisit en public fut une cantate, restée, je crois, inédite, qu'il avait écrite sur le texte de la fameuse *Ode à la joie* de Schiller, illustrée par Beethoven dans sa Symphonie avec chœurs. Cette cantate fut exécutée au palais de la grande duchesse Hélène, la noble protectrice d'Antoine Rubinstein et du Conservatoire de Saint-Pétersbourg. L'effet en fut assez considérable pour que Nicolas Rubinstein, qui venait, de son côté, de fonder le Conservatoire de Moscou, jugeât à propos d'appeler à lui Tschaïkowsky pour le mettre à la tête d'une des classes de composition de cet établissement. Le jeune artiste s'empressa d'accepter, et pendant onze ans il conserva ses fonctions, qui ne l'empêchèrent point de faire plusieurs voyages à l'étranger, particulièrement en Allemagne et en France, pour se fortifier encore et se mettre au courant du grand mouvement musical européen.

C'est alors aussi qu'il se consacra avec ardeur à ses travaux de composition, et qu'il commença à faire preuve de cette prodigieuse fécondité qui s'exerçait tour à tour dans tous les genres et qui faisait dire à M. César Cui qu' « il aurait fourni une brillante carrière s'il

---

(1) Professeur et compositeur, Nicolas Zaremba, qui était né dans le gouvernement de Vitebsk, est mort à Saint-Pétersbourg le 8 Avril 1879. On lui doit un certain nombre de compositions de divers genres, dont la plus importante est un grand oratorio intitulé *Saint-Jean-Baptiste*. Il était professeur d'une des classes du Conservatoire de Saint-Pétersbourg lorsque, Rubinstein ayant abandonné une première fois la direction de cet établissement, il fut appelé à lui succéder dans ces fonctions. A sa mort, il eut lui-même pour successeur M. d'Asantchewski. Comme tout ce qui tenait à Rubinstein et s'approchait de lui, Zaremba fut l'objet des brocards et du dédain des ennemis du maître.

avait été plus sévère envers lui-même et s'il avait mieux raisonné ses tendances et son système de composition ».

Le reproche ici peut être fondé jusqu'à un certain point. La critique la plus impartiale pourrait en effet blâmer Tschaïkowsky de ne pas avoir toujours été assez scrupuleux dans le choix de ses idées, et, ces idées une fois adoptées, de ne les avoir pas toujours polies, affinées, serties avec un soin suffisant. Pourtant, là encore, cette même critique serait obligée (et c'est ce qu'elle ne fait pas toujours) de tenir compte du tempérament de l'artiste, de la nature de son talent, de ses facultés propres et particulières. Entre tous ceux que l'art a marqués au front, combien diffèrent en ce qui touche à la création ! Tel, pressé par la fièvre de production, toujours en travail d'enfantement, fera vite et ne saurait, sous peine d'impuissance, s'astreindre à attendre de l'inspiration qu'elle se produise sous sa forme la plus sévère et la plus châtiée; tel autre, moins abondant, à l'imagination moins riche et moins prime-sautière, verra l'idée se présenter à lui plus atournée, plus fleurie, plus foncièrement élégante, et prendra le temps de l'embellir encore, de la parer de nouveaux attraits. L'axiome de Boileau :

> Cent fois sur le métier remettez votre ouvrage,
> Polissez-le sans cesse et le repolissez...

n'est pas de mise avec tous les artistes, dont, je le répète, les tempéraments sont divers, entraînant diverses manières de procéder. Ainsi, dans la nature, on voit des gras et des maigres, des bruns et des blonds, des lymphatiques et des nerveux. Vouloir appliquer aux uns et aux autres la même forme de jugement, le même mode de critique, est simplement une erreur ou une injustice.

Pour en revenir à Tschaïkowsky, s'il n'était pas toujours égal à lui-même, si l'on peut lui reprocher certaines faiblesses, c'est que l'inspiration était chez lui plus rapide que le travail, c'est qu'une idée à peine éclose en amenait une autre à sa suite, et qu'il ne pouvait toujours prendre le temps de coordonner ces idées, de les relier entre elles, de les unir en un ensemble parfaitement harmonieux. Mais quand, marchant de concert, l'inspiration et le travail le servaient à souhait, quand l'une et l'autre se fondaient et se combinaient comme il convient, on peut dire que le résultat obtenu était excellent. Qu'on voie, par exemple, le beau concerto de piano en *si* b, la Valse-caprice et la Valse-scherzo op. 4 et 7, la délicieuse Romance sans paroles op. 5, la *Doumka*, op. 59, si étrange et si curieuse, puis le Scherzo-valse et la Sérénade mélancolique pour violon, deux vrais bijoux, et le Sextuor pour instruments à cordes, dit Sextuor florentin, et *la Tempête*, cette page symphonique d'un sentiment si profond, d'un si beau souffle et d'une si grande puissance, — et qu'on dise si Tschaïkowsky n'était pas un noble artiste, noblement inspiré! D'aucuns lui tiennent rigueur de sa fécondité. C'est comme si l'on reprochait à un bel arbre de porter trop de fruits. Parfois une branche casse, ployant sous le poids, et quelques-uns de ceux-ci tombent à terre; mais combien ceux qui restent, mûris par le soleil, sont fermes et savoureux!

La fécondité de Tschaïkowsky! elle est prodigieuse, en effet. Dans une période de production qui n'a pas dépassé trente années, il a écrit 11 opéras, 3 ballets (1), 6 symphonies (2), 4 suites d'orchestre, 5 ouvertures de concert, plusieurs poèmes symphoniques (*la Tempête, Manfred, Francesca da Rimini, Roméo et Juliette*...), 3 concertos de piano et un concerto de violon avec orchestre, diverses œuvres de musique de chambre, 2 Messes russes à quatre voix, 3 chœurs d'église, des marches, des cantates, une centaine de morceaux de piano, autant de mélodies vocales, plusieurs pièces encore pour orchestre, sans compter tout ce que j'oublie, car ceci n'est pas un catalogue. Il y a de quoi donner le vertige!

---

(1) Voici la liste de ses ouvrages dramatiques: 1° le *Voïvode*, Moscou, 1869; — 2° *Snegourotschka* (la Fille de neige), 3 actes, poème d'Ostrowski, Moscou; — 3° *l'Opritchnik* (le Garde du corps), Moscou, mai 1874; — 4° *Vakoul le forgeron*, 4 actes, poème de Polonsky, d'après un conte fantastique de Nicolas Gogol (*la Veille de Noël*), Saint-Pétersbourg, théâtre Marie, 6 décembre 1876; — 5° *la Pucelle d'Orléans*, 4 actes et 6 tableaux, Saint-Pétersbourg, février 1881; — 6° *Onéguine*, 3 actes et 7 tableaux, d'après le roman en vers de Pouschkine, Moscou, 1881; — 7° *Mazeppa*, 3 actes, Moscou, 1884; — 8° *le Caprice d'Oksâne*, 4 actes, Moscou, 27 janvier 1887; — 9° *la Tcharodéika* (la Charmeuse), 4 actes, 1887; — 10° *la Dame de pique*, 3 actes, d'après une nouvelle de Pouschkine, Saint-Pétersbourg, théâtre Marie, décembre 1890; — 11° *Yolande*, un acte, 1892. — Puis, trois ballets: *le Lac des cygnes*, 3 actes, Moscou; — *la Belle au bois dormant*, 3 actes et un prologue, Saint-Pétersbourg, janvier 1890; — *le Casse-noisette*, 2 actes, 1892.

(2) La seconde symphonie est désignée sous le nom de *Symphonie russe*; la sixième est intitulée *Symphonie pathétique*.

En Russie, comme en France, comme en Italie, le théâtre est l'objectif obstiné des compositeurs. Les succès éclatants que Tschaïkowsky obtenait dans le genre symphonique ne pouvaient l'empêcher de chercher à s'y produire. Il n'eut pas à s'en repentir, car s'il n'y fut pas toujours heureux, on ne peut dire non plus qu'il eut toujours à s'en plaindre. *La Dame de pique* est tombée assez lourdement, et je crois que *Mazeppa* n'a pas été beaucoup plus fortuné; mais *Vakoul le forgeron*, *l'Opritchnik* ont été favorablement accueillis, et *Onéguine*, ainsi que *la Pucelle d'Orléans*, ont rencontré des succès retentissants. On signale le premier acte de *la Pucelle* comme étant de premier ordre, et l'accueil fait à *Onéguine* non seulement à Moscou, mais à Saint-Pétersbourg, s'est traduit en cette dernière ville par une série de plus de cent représentations, qui ont mis le comble à la renommée du compositeur. Quant au ballet de *la Belle au bois dormant*, dont la musique est charmante, son triomphe a été complet.

Tschaïkowsky, d'ailleurs, ne pouvait manquer de réussir dans la musique de ballet, car c'est un symphoniste de premier ordre, plein de grandeur, de nerf et de couleur, sachant manier et combiner les éléments de l'orchestre avec une habileté merveilleuse (1). Harmoniste très instruit, subtil même et recherché, il sait recouvrir ses idées d'un manteau plein de richesse, trop riche même parfois et trop somptueux, car on craint de voir disparaître l'étoffe sous la broderie. Quand il est vraiment inspiré, il l'est, je l'ai dit, de la façon la plus heureuse; ce qui lui manque, c'est le sentiment de l'équilibre et de la mesure, c'est la sobriété dans les développements, qui chez lui sont souvent excessifs. Mais sa palette orchestrale est opulente, pleine d'éclat et de variété, et il tire de l'ensemble instrumental des effets curieux, aussi neufs qu'imprévus. Sa seconde symphonie suffirait à le prouver, surtout le finale, qui est original et plein d'intérêt; mais bien d'autres œuvres encore affirmeraient sa supériorité sous ce rapport.

Sa musique de chambre n'est pas exempte de défauts. On peut lui reprocher la prolixité et l'inégalité, ce qui ne l'empêche pas d'offrir

---

(1) En dehors des ballets proprement dits, il a écrit dans plusieurs de ses opéras des airs de danse du tour le plus élégant et le plus original: la danse des bouffons de *Snegourotschka*, la belle Polonaise et la valse avec chœur d'*Onéguine*, la danse russe du *Voïvode*, la danse cosaque (*Hopaque*) de *Mazeppa*, etc.

des pages superbes : entre autres, il faut signaler les deux *andante* des deux premiers quatuors pour instruments à cordes (en *ré* et en *fa*). Le trio avec piano, écrit à la mémoire de Nicolas Rubinstein, est remarquable, brillant et coloré, quoique trop long encore. Il me semble que le « sextuor florentin, » que j'ai déjà mentionné, est ce qu'il a fait de mieux dans cet ordre d'idées.

Où Tschaïkowsky est vraiment personnel, où il est *lui* sans conteste et sans discussion possible, c'est dans ses pièces intimes pour piano, dont plusieurs sont exquises, et encore, et surtout, dans ses délicieuses mélodies vocales, qui sont empreintes d'un sentiment profond, d'une poésie pénétrante, et parfois d'un caractère mélancolique d'une telle intensité qu'il confine au drame. J'ai cité déjà quelques-uns de ses morceaux de piano, si joliment écrits et si pleins d'une savoureuse élégance. Quant à ses mélodies, tantôt sur paroles russes, tantôt sur paroles françaises, elles sont pour la plupart d'une inspiration chaude, souvent pathétique, et d'un style plein de noblesse et d'élévation. Plusieurs sont devenues en France populaires parmi les artistes, en raison de leur accent sincèrement douloureux, de leur simplicité touchante et de l'émotion qui s'en dégage. Je me contenterai d'en rappeler quelques-unes : *O douce souffrance ! N'accuse pas mon cœur, Pourquoi tant de plaintes ? Toujours à toi, Oh ! qui brûla d'amour ! Déception...*

Si Tschaïkowsky n'est pas, musicalement, aussi foncièrement « russe » que certains de ses confrères et compatriotes sembleraient le souhaiter, il n'en reste pas moins un musicien de haute valeur et de grande envergure. Ceux-là ne s'y trompent pas et savent à quoi s'en tenir sur son compte qui n'ont pas l'esprit troublé par les mesquins préjugés d'école et qui ne sont pas mus par un regrettable sentiment de jalousie. Le public russe avait enveloppé dans une même affection, dans un même respect, ces deux grands artistes, Rubinstein et Tschaïkowsky, qui représentaient de la façon la plus noble, la plus mâle, la plus fière, le jeune art musical si soudainement éclos dans le grand empire oriental. Leur mort presque simultanée a été une perte douloureuse — et douloureusement ressentie — pour cet art naissant et déjà si vigoureux (1). Aujourd'hui, c'est à ceux qui les ont

---

(1) Un journal russe s'exprimait ainsi à propos de la mort de Tschaïkowsky :

combattus toute leur vie de tâcher de les remplacer et de leur préparer des successeurs. De ceux-là je vais avoir à m'occuper maintenant, et ce ne sera pas, après tout, la partie la moins agréable de la tâche que je me suis tracée, car, en dehors des quelques chefs du parti de la « jeune école, » qui commencent à vieillir, je vais me trouver en présence d'un petit groupe de vrais « jeunes, » hardis et aventureux sans doute, mais convaincus, déterminés, bien doués par la nature, et qui paraissent de taille à porter haut le drapeau de l'art national.

II.

La « jeune école russe ».

Nous voici maintenant en présence du petit groupe de musiciens — fort distingués, mais fort exclusifs, et d'une intransigeance irréductible — qui ont entrepris en Russie une réforme de l'opéra aussi radicale que celle dont Richard Wagner s'est fait le promoteur en Allemagne, bien qu'ils se défendent absolument de suivre les traces et les errements de l'auteur de *Lohengrin* et de *l'Anneau du Nibelung*. Pour ces néo-réformateurs, dont l'infaillibilité semble être le caractère et qui ont en eux une confiance que rien ne saurait ébranler, rien de bon ne s'est fait jusqu'ici depuis Gluck; Meyerbeer lui-même, si l'on veut bien ne pas contester absolument ses rares facultés dramatiques, n'est pourtant qu'un artiste très secondaire; l'école française ne semble pas exister, et Monsigny, Grétry, Méhul, Boieldieu, Hérold, Auber, Halévy sont à peine dignes de quelque attention; quant à l'art italien, il leur inspire une haine farouche qui ne connaît pas de limites, et ils considèrent ses représentants les plus illustres comme de simples fantoches, j'allais dire comme des malfaiteurs artistiques. Enfin, à les entendre, la jeune

---

— « La France vient de perdre Gounod, la Russie Tschaïkowsky. Les pertes sont inégales; l'auteur de *Faust* avait épuisé avant de mourir septuagénaire tout ce qu'il pouvait dire, l'auteur d'*Eugène Onéguine*, âgé de cinquante-trois ans seulement, se trouvait encore au beau milieu de sa carrière artistique, si féconde et si élevée. La perte de Tschaïkowsky est presque aussi sensible pour la Russie que le fut naguère celle de Pouschkine ou de Lermontieff ».

école russe a tout découvert en fait de musique dramatique, et rien d'intéressant, rien de logique, rien d'intelligent, rien de raisonné ne s'est fait avant elle. Il est vraiment curieux de voir ces nouveaux venus dans l'art, qui doivent tout à leurs devanciers, qui ne seraient rien sans eux, sans leurs travaux, sans leurs chefs-d'œuvre, les traiter avec cet aplomb superbe et ce mépris écrasant. On en peut sourire. Toutefois, ici je ne juge pas, simplement je constate, et cela d'après une fière déclaration de principes contenue dans l'écrit de M. César Cui que j'ai déjà signalé, *la Musique en Russie*.

M. Cui commence par nous faire connaître les circonstances dans lesquelles s'est formé le petit cénacle : — « En 1856, dit-il, deux musiciens, très jeunes et passionnés pour leur art, se rencontrèrent à Saint-Pétersbourg. La capitale de la Russie étant le principal foyer musical et intellectuel du pays, ils y fixèrent définitivement leur résidence. L'un était Balakirew ; l'autre celui qui écrit ces pages. Quelque temps après, Rimsky-Korsakow, Borodine et Moussorgsky se joignirent à eux, et, peu à peu, il se forma un petit cercle d'amis, qu'avait rapprochés une même et vive passion pour l'art musical. Que d'intéressantes et instructives causeries firent dès lors le fond de leurs réunions ! On passa consciencieusement en revue à peu près toute la littérature musicale existante. La critique avait beau jeu ; on discutait sur des questions d'esthétique, les façons personnelles de voir et de sentir s'entrecroisaient, les conférences s'alimentaient de vives analyses, de plans divers, de mille choses qui activent la pensée, mûrissent et développent le goût et tiennent le sens artistique éveillé. C'est ainsi que ce petit cénacle finit par acquérir des convictions arrêtées, par se créer un critérium applicable à une foule de questions artistiques, très souvent en dehors des idées courantes de la presse et du public. L'idéal commun aux membres de cette petite confrérie — sous la réserve des aptitudes et de la nature musicale de chacun — commença bientôt à se dessiner avec netteté, et on s'efforça de le fixer sur les ouvrages ». On voit quel était le point de départ ; on va voir quel était le but poursuivi. Ce but, je l'ai dit déjà, c'était la réforme de la musique d'opéra ; car, quant à la musique symphonique, nos jeunes révolutionnaires trouvaient — et ils n'avaient peut-être pas tort — que tout avait été fait, et bien fait, par Beethoven, Schumann, Liszt (?) et Berlioz. Ici je me vois obligé de faire une citation un peu longue; encore est-ce avec le regret de ne pouvoir, vu les bornes de ce travail, l'étendre davantage. Je n'ai pas besoin de faire ressortir l'intérêt des considérations contenues dans les lignes que voici:

..... Vers la fin du XVIII⁰ siècle Gluck entreprit, d'une main puissante, de rétablir la musique d'opéra dans ses droits primordiaux, de la ramener dans la voie de l'expression, et surtout de la fixer sur le terrain de la vérité dramatique. Tant qu'il vécut, son idéal grandiose sembla consacré par l'éclatant succès de ses œuvres; mais après lui, ces belles et simples traditions s'évaporèrent une à une, et Rossini fit de son mieux — jusqu'à *Guillaume Tell* exclusivement — pour amener l'opéra à n'être que de la musique de concert, agrémentée de décors et de costumes, en sacrifiant absolument la vérité d'expression aux tours de force de la vocalise, distribuée à tous les rôles indistinctement: au bachelier sévillan comme au More de Venise, comme au prophète hébreu. Une réaction cependant se fit sentir: elle s'insinua d'abord par des demi-mesures, prudentes, incomplètes (Weber, Meyerbeer, Glinka dans *la Vie pour le Tsar*, Dargomijsky dans la *Roussalka*); puis, changeant brusquement d'allure, elle aboutit à une réforme radicale, où Wagner déploya toute son énergie (*le Cycle des Nibelungen*) et où les musiciens russes de la nouvelle école, n'ayant pourtant, comme nous le verrons plus loin, que très peu de points de contact avec le novateur allemand, entrèrent, eux aussi, avec tout le courage d'une inébranlable conviction.

La nouvelle école russe prit à tâche de mettre en lumière certains principes de la plus haute importance, dont un des premiers est celui-ci: *La musique dramatique doit toujours avoir une valeur intrinsèque, comme musique absolue, abstraction faite du texte.* On avait trop longtemps négligé ce principe; de nos jours même on est loin de l'observer strictement. Les compositeurs n'ayant pour principale préoccupation que la mélodie pure et la virtuosité vocale, moyens infaillibles de succès, les banalités les plus étonnantes, les plus naïves en même temps, avaient une raison d'être et passaient sans difficulté. Ce qui, dans une composition symphonique, aurait été mis à l'index avec le dédain le mieux justifié, trouvait naturellement sa place dans un opéra. Les Italiens sont hors concours pour leur supériorité en cette affaire. N'aspirant qu'aux succès faciles, fondés sur des fioritures, sur des *si* bémol et des *ut* dièse aigus, se tenant avec le public dans une communication de mauvais goût et le maintenant dans cet état inculte, il ne leur suffit pas d'abuser des thèmes les plus banals, il leur faut encore étaler ces laideurs dans toute leur nudité, sans même chercher à les atténuer par une harmonie tant soit peu élégante. Les meilleurs parmi ces musiciens ou se répètent l'un l'autre ou bien se répètent eux-mêmes, comme style, thèmes et harmonies. Par ce moyen, ils ont réussi à faire de leurs opéras une série de jumeaux abâtardis, d'une ressemblance désespérante. Il suffit, pour s'en convaincre, de jeter un coup d'œil sur les trente et quelques opéras italiens de Rossini, sur les soixante-dix et plus de Donizetti (1). L'un et l'autre n'ont que deux ou trois ouvrages typiques, dont le reste de leurs œuvres n'est que la reproduction plus ou moins faible et pâle. Et, même dans leurs chefs-d'œuvre, que de lieux communs, que de pages insignifiantes et banales!

Chez un grand nombre de compositeurs non italiens, les résultats sont à peu près les mêmes; ils écrivent trop, ils spéculent trop souvent sur les moyens heureux des exécutants, sur le bel et irrésistible effet des décors, sur l'agrément toujours sûr des scènes de ballet (2). Meyerbeer lui-même, un des plus grands compositeurs dramatiques, ne gagnerait-il pas beaucoup à la suppression des princesses et des reines à roulades dans ses opéras?

La nouvelle école russe envisage la question à un point de vue absolument différent. Selon son principe, rien ne doit détourner la musique d'opéra d'être par elle-même *de vraie et belle musique;* tout ce que l'art musical a de plus séduisant doit s'y rapporter; le charme de l'harmonie, la science du contrepoint, la polyphonie et le coloris de l'orchestre doivent y aller de pair. Un tel précepte peut ne pas paraître d'une application très pratique; il semblerait qu'un temps de repos pris çà et là, à la faveur d'un lieu commun, plus ou moins prolongé selon la circonstance, ferait bien l'affaire de l'auditoire, lui épargnerait la lassitude d'une attention trop soutenue. Non pas! L'école russe ne veut tirer aucun profit de semblables combinaisons, si avantageuses qu'elles paraissent, ni faire de telles concessions. Elle ne changerait à aucun prix son point de vue à cet égard. Elle marche tranquille et fière vers l'idéal qui l'appelle — cette source vive d'intelligence, d'honnêteté et d'éternelle poésie — sans se préoccuper de la réussite ou de l'insuccès.

La nouvelle école russe en revient donc, selon les paroles de M. César Cui, à la formule démodée de l'art pour l'art, avec le mépris du

---

(1) Non pas « soixante-dix et plus », mais seulement cinquante-sept véritables opéras (ce qui est déjà trop sans doute), auxquels il faut ajouter neuf petits ouvrages, de ceux que les Italiens appellent *farse*, et qui n'ont guère plus d'importance que nos opérettes. Il est bon de n'exagérer rien.

(2) Ceci vise, à n'en pouvoir douter, les compositeurs français, que l'écrivain, s'adressant à des lecteurs français, ne pouvait guère désigner d'une façon plus directe. Tant pis pour *la Muette*, et pour *la Juive*, pour *Faust*, *Roméo et Juliette*, *Carmen*, *Hamlet*, *le Roi de Lahore*, *Sigurd*, etc., qui sont ici directement visés.

public pour devise. Cette formule, jadis en honneur parmi nos romantiques, est depuis longtemps abandonnée, l'inanité en ayant été suffisamment reconnue. D'ailleurs, comme c'est généralement, en dernière analyse, pour le public qu'on fait de l'art, il est permis de se demander, en présence de revendications si fières, quelle peut être la fin du but poursuivi. Mais, je le répète, il est facile de railler et de blâmer ce qui se fait, lorsqu'on arrive après deux ou trois siècles d'essais et de travaux de toutes sortes, qu'on profite de l'expérience acquise et de l'accumulation des résultats, et qu'on n'a pas soi-même à marcher de tâtonnements en tâtonnements, le chemin ayant été aplani par la foule des devanciers. C'est là précisément la situation de la nouvelle école russe, qui n'a que la peine de cueillir les fruits que d'autres ont eu tant de mal à arracher à la terre. Quant à affirmer d'une façon aussi péremptoire qu'on a le monopole de la conscience et de l'honnêteté artistiques, ce qui revient à dire que tout ce qui se fait ailleurs est marqué au coin d'une improbité manifeste et voulue, en ce faisant, ladite école, outre qu'elle peut faire rire à ses dépens, risque de ne s'attirer que des sympathies médiocres et rares.

Tout cela, néanmoins, n'enlève en aucune façon leur talent, talent très actif et très réel, aux membres de ce petit cénacle, dont le plus en vue me paraît être M. Nicolas Rimsky-Korsakow, mais dont les chefs de file restent, par droit d'ancienneté, MM. César Cui et Balakirew. Comme, de plus, M. Cui s'est toujours constitué le porte-paroles du groupe, que c'est par lui que les théories, les désirs et les intentions de ce groupe tapageur ont été révélés et présentés au public, c'est de lui que nous allons d'abord nous occuper. A tout seigneur, tout honneur.

Chez M. César Cui la passion de la musique est telle qu'il l'a cultivée d'une façon très active, sans négliger pour cela les travaux absorbants d'une carrière militaire qu'il a su faire honorable et brillante. M. Cui nous touche de près, car si sa mère était Lithuanienne, son père était Français, et on ne peut nier qu'il lui en reste quelque chose, particulièrement la verve polémique et le tempérament batailleur qui accompagnent toujours dans notre pays la discussion des questions artistiques. Voici comment a raconté ses origines un biographe qui lui était très dévoué et très sympathique (1): « Son père, Antoine Cui, faisait partie de la grande armée de Napoléon 1ᵉʳ en 1812. Blessé à Smolensk et à demi gelé, il ne put la rejoindre dans sa retraite. Resté en Russie, comme beaucoup de ses compagnons d'armes, il s'y fixa, s'y maria, et embrassa la carrière pédagogique. Il remplit les fonctions de gouverneur dans plusieurs familles considérables et devint définitivement professeur de langue française au gymnase de Wilna. C'était, dit-on, un homme d'aptitudes remarquables; il apprit parfaitement le polonais et le parlait couramment; il étudia le piano sans maître et parvint à le savoir assez pour en enseigner les premières notions. Il publia un *Résumé de l'histoire de la littérature française*, il composa la musique de plusieurs chansons, et cette musique n'est pas sans valeur. Bien que ses ressources

fussent modestes, il laissa une assez belle bibliothèque et une collection numismatique. Sa verve française, sa gaîté et son esprit faisaient rechercher volontiers sa société. La mère de César Cui, Julie Gucewicz, provenait de petite noblesse lithuanienne; elle était d'une bonté angélique, pleine d'abnégation, et ne vivait que pour ses enfants. C'est à elle qu'ils doivent non seulement leur existence physique, mais aussi leur valeur morale » (2).

M. Cui embrassa de bonne heure l'état militaire. Après avoir fait d'excellentes études au Gymnase de Wilna, il entra à l'École du

---

(1) César Antonovitch Cui est né à Wilna le 18 Janvier 1835.
(2) *César Cui*, esquisse critique, par la comtesse DE MERCY-ARGENTEAU (Paris, Fischbacher, 1888, in-8°).

génie de Saint-Pétersbourg. Il est actuellement major général et professeur de fortifications dans les trois académies militaires de cette ville (académies de l'état-major, du génie et de l'artillerie). Il a compté parmi ses élèves sept grands-ducs, ainsi que le fameux général Skobelew, le héros de la grande guerre russo-turque. Comme écrivain militaire on lui doit un *Précis de l'histoire de la fortification permanente*, un *Manuel de fortification volante* et plusieurs écrits de moindre importance.

Étant donnée une telle carrière, aboutissant à de tels résultats, il fallait être doué d'un sincère et profond amour de l'art pour lui juxtaposer une carrière musicale très active, très militante et qui, après tout, n'est pas sans quelque intérêt. Quoique la musique ne soit pas pour M. Cui une *profession*, puisque ce n'est pas à elle qu'il a demandé ses moyens d'existence, il s'en est occupé et l'a cultivée de telle façon qu'il a le droit d'être considéré comme un artiste, et non comme un amateur. Mais aussi, et par ce fait, ne doit-il pas s'étonner si on le juge avec quelque sévérité, soit comme critique, soit comme compositeur.

C'est avec deux maîtres obscurs, nommés Hermann et Dio, que M. Cui commença l'étude de la musique. Mais c'est au célèbre compositeur polonais Stanislas Moniuszko qu'il doit le meilleur de son éducation musicale, éducation qu'il compléta plus tard par lui-même et par ses recherches personnelles. Il avait à peine vingt-deux ans lorsqu'il écrivit, en 1857, son premier opéra, *le Prisonnier du Caucase*, qui ne devait être représenté que vingt-six ans plus tard, en 1883. Le livret était tiré d'un poème de la jeunesse de Pouschkine, et l'ouvrage était primitivement en deux actes. Ce n'est que beaucoup plus tard, et lorsqu'il fut question de son apparition à la scène, que le compositeur y ajouta un troisième acte, qu'il intercala entre les deux existants, et qui devint par conséquent le second. On peut croire, étant données les idées qui avaient alors germé dans le cerveau de M. Cui, que cet acte nouveau formait une disparate assez sensible avec les précédents, bien qu'il eût fait subir à sa partition des remaniements considérables. *Le Prisonnier du Caucase* fut d'ailleurs accueilli froidement et n'obtint que quelques représentations (1).

---

(1) *Le Prisonnier du Caucase*, traduit en français, fut représenté sur le Théâtre Royal de Liège, avec un certain succès, le 13 Janvier 1886.

Mais, quoique cet ouvrage fût le premier qu'ait entrepris M. Cui en vue de la scène, il ne fut point son début au théâtre, et bien avant lui le compositeur en avait fait représenter deux autres: *William Ratcliff*, en trois actes, écrit sur le drame de Henri Heine, traduit par M. Plechtchéieff (26 Février 1869), et *Angelo*, en quatre actes, écrit sur le drame de Victor Hugo (13 Janvier 1876), imité par M. Bourénine.

C'est une chose assez singulière que M. Cui, qui se pique d'être un musicien *russe* (et qui reproche si durement à Rubinstein et à Tschaïkowsky leur absence de nationalité), choisisse précisément les sujets de ses opéras en dehors de la Russie. Tandis que tous ses confrères mettaient à contribution les poèmes de leurs compatriotes: Pouschkine, Lermontoff, Gogol, Ostrowski, lui s'adressait surtout aux étrangers, à Heine avec *William Ratcliff*, à Victor Hugo avec *Angelo*, enfin à M. Jean Richepin avec *le Flibustier*, son dernier ouvrage, écrit pour la France et représenté sans succès à l'Opéra-Comique le 22 Janvier 1894. Nous avons vu, et M. Cui nous a appris lui-même quelles étaient les prétentions de la « jeune école russe », prétentions qui ne tendaient à rien de moins qu'à une réforme radicale du drame lyrique. Pour cela, nous en revenons au fameux système du « récitatif mélodique » dont M. Cui nous a entretenus à propos de Dargomijsky, puis à l'interdiction absolue de toute répétition de paroles, enfin à l'absence de duos, de trios et de toute espèce d'ensemble, et particulièrement de tout morceau affectant une forme nette et déterminée. C'est une doctrine qui se rapproche beaucoup de celle de Wagner, bien que M. Cui, pour sa part, se défende avec vigueur de toute espèce de rapprochement avec l'auteur de *Parsifal*. Néanmoins, il l'a employé abondamment, ce fameux récitatif mélodique (qui ne l'est pas toujours!) dans sa partition d'*Angelo*, à laquelle il n'a pas porté bonheur, et aussi dans celle du *Flibustier*, qui n'a pas été plus fortunée.

C'est qu'aussi M. Cui, qui a des haines invétérées, professe surtout le mépris le plus profond pour la race des librettistes. Je ne prétends certes pas absoudre ceux-ci dans leur ensemble. Il me paraît pourtant que certains poèmes d'opéras ne sont pas à dédaigner et qu'ils ont pu n'être pas sans quelque influence sur l'inspiration des compositeurs; on pourrait citer entre autres ceux d'*Œdipe à Co-*

lone, de *la Juive*, des *Huguenots*, du *Prophète*, de *Lucia di Lammermoor*, d'*Aida*..... Mais M. Cui, qui est tout d'une pièce, ne veut pas entendre raison sur ce sujet. Ce qu'il lui faut *avant tout*, ce sont de beaux vers, en quoi il a tort ; car il est certain qu'une situation pathétique et puissante, même traduite en vers médiocres, sera plus utile au musicien dramatique et d'une plus grande action sur le public que des vers très harmonieux qui ne recouvriront qu'un drame veule et sans consistance. Aussi, que fait-il ? Il prend une comédie charmante de M. Richepin, *le Flibustier*, mais dont le sujet est anti-musical parce qu'il est presque entièrement dépourvu de mouvement et d'action, et que tout s'y passe en conversations et en échanges de sentiments entre les personnages ; il place cette comédie sur son piano et met en musique, de l'un à l'autre bout, les jolis vers de M. Richepin. Mais ces vers sont des alexandrins, c'est-à-dire la forme poétique la plus hostile à la musique. Peu lui importe ! Le compositeur ira jusqu'au bout. Avec son amour pour le « récitatif mélodique », il vous fera trois actes de récitatif, et il vous appellera cela un opéra ! Eh bien, demandez au public ce qu'il en pense, et ce qu'il pense des théories de M. Cui. Il y a pourtant quelques jolies pages dans ce *Flibustier* mis en musique, par exemple la gentille chanson de Janik au premier acte, le récit de la bataille fait par Jacquemin, et surtout l'*Angelus* à deux voix de femmes, qui est une trouvaille mélodique vraiment délicieuse et accompagnée d'une façon exquise. Mais trois actes de récitatif..... mélodique, ah ! non !

En réalité, M. Cui n'a jamais été heureux au théâtre, ce qui tient peut-être moins à son talent qu'à ses théories malheureuses, et aucun de ses ouvrages n'a obtenu de succès. Il s'en console sans doute par le mépris avec lequel il considère le public. Le malheur, c'est que les idées fausses qu'il cherche à propager font dans son pays des adeptes prêts à les exagérer encore, et qu'elles causent à l'art un tort considérable. Voici comment s'exprimait à ce sujet un musicien belge éminent, l'excellent compositeur Louis Brassin, qu'on aurait peine à faire passer pour réactionnaire, car il fut l'un des plus ardents propagateurs de la musique wagnérienne en Belgique : « Il y a dans ce pays, disait-il, à côté de la jeune école russe, dont le chef incontestable est Borodine, un petit cénacle très remuant, qui, en musique, professe des théories absolument anarchiques. Les œuvres qui sortent de là ont un degré de parenté *avec celles des décadents de la littérature*, et exigent comme elles une initiation préalable, sans laquelle elles restent lettre morte. L'écriture en est spéciale, surtout pour l'accentuation ; la forme en est vague, et donne le sens de l'incohérence, de l'indéfini ; leur harmonisation est d'une audace peu commune, et froisse brutalement les règles de la syntaxe musicale. Est-il besoin de dire que les artistes qui composent ce cénacle parlent avec un souverain mépris des anciens compositeurs qui ont illustré notre art, et que certains d'entre eux considèrent déjà Wagner comme un vieux ! »

Les doctrines à la fois excessives et débilitantes de M. César Cui sont assurément un mauvais service rendu par lui à l'art et aux artistes de son pays, dont elles ne pourraient que retarder l'essor, en entraînant l'un et les autres dans une voie fausse et sans issue. Ces doctrines, il s'est efforcé depuis trente ans de les propager et de les soutenir dans nombre de journaux : *le Nouvelliste du Nord, e Golos, le Journal* (russe) *de Saint-Pétersbourg, la Nediélia* (la Semaine), *la Revue musicale* de l'éditeur Bessel, dont il fut le rédacteur en chef, et même dans certains journaux français tels que la *Revue et Gazette musicale* et le *Ménestrel*. Il est juste de dire qu'elles ont trouvé en Russie d'ardents détracteurs, qui les ont vigoureusement combattues, et que le compositeur a peut-être pâti parfois des intempérances du critique. Car, en dehors du théâtre, qui n'est point son fait et où il n'a pu réussir, M. Cui ne manque pas de talent. Il a publié de nombreuses mélodies, dont on a fait en France plusieurs recueils (*Douze Mélodies, Vignettes musicales, 20 Poèmes de Jean Richepin*) qui contiennent des pièces intéressantes. Dans le recueil de *Douze Mélodies* il faut signaler *Je vous aimais, Te souvient-il encore? Ma mignonne ;* dans les *Poèmes de Jean Richepin* on doit tirer de pair *les Deux Ménétriers*, et surtout *les Songeants* et *les Petiots*. Cela n'est pas toujours simple, cela est parfois cherché et même recherché ; mais il y a là d'heureuses inspirations, qui ne manquent ni de saveur ni d'originalité. M. Cui a d'ailleurs écrit beaucoup, et non pas seulement pour le chant, mais pour l'orchestre, et aussi pour le piano et pour divers instruments (1).

---

(1) Pour l'orchestre: Marche solennelle; Petite Suite; *A Argenteau*, suite

Après M. César Cui, il convient tout naturellement de s'occuper de son ami M. Balakirew, qui, nous l'avons vu, fut son compagnon d'origine, et qui partagea avec lui l'honneur d'être le chef, l'initiateur et l'inspirateur de la fameuse « coterie », que ses partisans appellent « la cohorte », et qu'on désigne là-bas sous le nom de *Koulchka* (1). M. Balakirew doit, dit-on, le meilleur de sa première éducation musicale à un homme fort distingué, Alexandre Oulibicheff,

diplomate qui avait servi son pays avec honneur tout en cultivant l'art d'une façon sérieuse et à qui l'on doit, sur Mozart et sur Beethoven, deux ouvrages importants dont on peut discuter l'esprit, mais qui n'en sont pas moins dignes d'intérêt et d'attention. Oulibicheff, après avoir pris sa retraite, s'était fixé dans ses terres, à Nijni-Novogorod, ville natale de M. Balakirew, et c'est là qu'à son retour de l'université de Kazan, où il était allé faire ses études, celui-ci mit à profit ses leçons et ses conseils. Esprit indépendant et vif, peu

---

Danses Circassiennes (très originales au point de vue du rythme, de la couleur et de la sonorité). Pour le piano: Suite (dédiée à Fr. Liszt); 4 Morceaux (dédiés à M. Leschetitzky); 3 Valses (à Mme Sophie Menter); 2 Polonaises (à Antoine Rubinstein); 3 Impromptus (à Hans de Bülow); 18 Miniatures; Valse-Bleuette; Valse-Caprice (à Mme Annette Essipoff); *Scherzando-giocoso*; *En partant*, etc. Puis encore: 6 *Chœurs a cappella*; *Ave Maria* pour voix seules et chœur de femmes, avec harmonium; Suite concerto pour violon avec orchestre; 2 Morceaux pour violoncelle, avec accompagnement d'orchestre. Enfin, je ne saurais oublier de signaler encore un opéra-comique, *le Fils du Mandarin*, qui, je crois, n'a jamais été représenté que sur un théâtre de société.

(1) M. Mily Alexeïewitch Balakirew est né à Nijni-Novogorod le 2 Janvier 1837.

enclin à la servitude intellectuelle, M. Balakirew ne conserva sans doute de ces relations que ce qui se rapportait au côté technique de l'art et non à son esthétique, sans que cela pût influer sur son tempérament propre et sur les idées personnelles qui devaient, par la suite, caractériser les théories très arrêtées, très entières, dont il allait se faire le révélateur, le propagateur et le défenseur obstiné. Il n'avait guère plus de vingt ans lorsqu'il se rendit à Saint-Pétersbourg, où il se fixa pour se livrer entièrement à l'étude sérieuse de la musique. C'est alors qu'il connut Glinka, qui lui témoigna de la sympathie. C'est alors aussi qu'il commença à se lier intimement avec M. César Cui et que, de leur étude des questions d'art, de l'échange de vues qui se fit quotidiennement entre eux à ce sujet, résulta cet ensemble de doctrines et de principes singulièrement intransigeants que l'un et l'autre s'efforcèrent bientôt de répandre autour d'eux, autant par l'exemple que par la persuasion.

M. Balakirew était doué d'ailleurs d'une énergie et d'une activité remarquables. Devenu pianiste fort habile, il fondait en 1862, à Saint-Pétersbourg, une École gratuite de musique qui a rendu de très réels services et dont il dirigea personnellement les concerts. En même temps il étudiait avec ardeur l'art populaire national, dont il prenait à tâche de s'assimiler l'esprit et le caractère, et publiait en 1866 un recueil excellent de quarante mélodies et chansons populaires. Un peu plus tard, la Société musicale russe, reconnaissant ses rares qualités de chef d'orchestre, lui confiait la direction de ses concerts, et enfin M. Balakirew devenait bientôt directeur des chantres de la chapelle impériale.

Avec tout cela, M. Balakirew a peu produit comme compositeur, et voici, me semble-t-il, à peu près tout son bagage sous ce rapport: Trois ouvertures sur des thèmes russes et tchèques; Ouverture sur un thème martial espagnol; *Thamar*, poème symphonique, inspiré par une poésie de Lermontoff; *La Russie*, poème symphonique; Musique (ouverture, marche et quatre entr'actes) pour *le Roi Lear*, tragédie de Shakespeare; *Islamey*, fantaisie orientale pour piano; plus, quelques mazurkas et une vingtaine de romances dont on vante l'accent personnel. Et c'est tout. On voit que la fécondité n'est pas la qualité dominante de M. Balakirew, et l'on remarquera qu'il n'a touché au théâtre que d'une façon secondaire et par *à côté*, avec sa musique du *Roi Lear*, qui d'ailleurs ne manque pas d'intérêt. Il avait pourtant commencé la composition d'un opéra intitulé *l'Oiseau d'or*, mais, j'ignore pour quelle raison, cet ouvrage a été abandonné par lui. En France, nous ne pouvons guère juger le talent de M. Balakirew comme compositeur, car il n'est guère connu chez nous que par son poème symphonique de *Thamar*, au sujet duquel les avis sont très partagés, les uns l'exaltant outre mesure, tandis que d'autres le dénigrent peut-être plus que de raison; ce qui est certain toutefois, c'est que l'exécution dans nos grands concerts de cette œuvre fort discutée n'a produit qu'un effet à peu près négatif.

Arrangeur habile, M. Balakirew a donné de bonnes réductions pour le piano de la *Jota Aragonesa* de Glinka, de *la Fuite en Égypte* et d'*Harold en Italie* de Berlioz (cette dernière à quatre mains), ainsi que d'un quatuor de Beethoven (à deux pianos). En ce qui concerne son recueil fort intéressant de chansons populaires, son ami M. César Cui, qui le considère volontiers comme le premier musicien russe (ce qui peut paraître excessif lorsqu'on songe à Rubinstein, à Tschaïkowsky et à M. Rimsky-Korsakow), l'analyse et l'apprécie en ces termes : — « Le recueil de Balakirew est extrêmement remarquable; de tous ceux qui existent, c'est sans contredit le meilleur. Il ne contient que quarante chansons, mais toutes sont choisies avec le plus grand tact, très correctement notées et harmonisées avec beaucoup d'art. L'accompagnement au piano conserve d'un bout à l'autre son caractère essentiellement national; il est d'une grande variété et s'adapte on ne peut mieux aux différentes mélodies du recueil, de façon que chacune de ces chansons, prise séparément, constitue à elle seule, dans son petit cadre, une véritable œuvre d'art. Cette façon de traiter la mélodie nationale a trouvé des imitateurs, parmi lesquels il faut citer Prokoudine et surtout Rimsky-Korsakow, dont un recueil de cent chansons populaires vient de paraître à Pétersbourg » (1).

---

(1) Comme indication, je note ici le jugement d'ensemble que porte M. Cui sur le talent et la personnalité musicale de son ami Balakirew : — « Musicien de premier ordre, juge inexorable pour ses propres compositions, connaissant à fond toute la littérature musicale, tant ancienne que moderne, Balakirew est surtout symphoniste. En fait de musique vocale, il n'a écrit qu'une vingtaine de romances, qui se distinguent par des mélodies limpides et larges, par des accom-

Passons à Borodine, qui, nous l'avons vu, était presque considéré comme le chef de la « jeune école » et le plus largement doué de tous ceux qui la composaient (1). Pas plus que M. Cui, pourtant, Borodine ne fut un artiste de profession. Ce fut surtout un savant de premier ordre, qui, après avoir fait de brillantes études à l'Académie de médecine et de chirurgie de Saint-Pétersbourg, sous la direction du professeur Zizine, fut appelé plus tard à succéder à son maître comme professeur de chimie dans cette Académie, tout en devenant conseiller d'État. Il publia, dans divers recueils scientifiques de Russie et d'Allemagne, plusieurs mémoires et travaux importants sur la chimie qui attirèrent l'attention du monde savant.

pagnements élégants, souvent par la passion et l'entraînement. Le lyrisme y domine. Ce sont des élans du cœur, exprimés par une musique délicieuse. Comme forme, les romances de Balakirew sont le trait d'union entre celles de Glinka et de Dargomijsky et celles des compositeurs qui vont suivre ». Il ne me semble pas cependant, malgré l'estime qui s'attache au nom de M. Balakirew, que cet artiste occupe en Russie une situation musicale en rapport avec de tels éloges. Peut-être me trompé-je.

(1) Alexandre Porphyriéwitch Borodine, né à Saint-Pétersbourg le 12 Novembre 1834, est mort en cette ville le 27 Février 1887. « Il descendait par son père, dit un biographe, des princes Imérétinsky, c'est-à-dire des derniers rois d'Imérétie, le plus beau de ces anciens royaumes du Caucase où la flore de l'Orient s'épanouit à l'ombre des neiges éternelles. Les anciens rois d'Imérétie se vantaient, dit-on, de descendre de David et portaient dans leurs armes la harpe et la fronde ».

Très passionné de musique, il s'en occupa néanmoins dès son enfance, apprit à jouer de la flûte, du violoncelle et du piano, mais n'apprit guère la théorie de l'art que par la lecture et l'analyse des œuvres des maîtres contemporains, à l'exécution desquelles il concourait en tenant la partie de piano ou de violoncelle dans des séances intimes de musique de chambre.

Cependant, Borodine commença de très bonne heure à composer, évidemment d'instinct. Il avait treize ans seulement lorsqu'il écrivit un concerto pour flûte et piano, puis un trio pour deux violons et violoncelle sur un thème de *Robert le Diable*, et un peu plus tard un *scherzo* en *si* mineur pour piano et un sextuor pour instruments à cordes. Rien de tout cela n'a été publié. C'est surtout à partir de 1862 qu'il commença à s'occuper sérieusement de composition. Il faisait partie alors du cercle Balakirew - Cui - Moussorgsky, et c'est sous l'influence des doctrines de ses compagnons que son nationalisme musical commença à se faire jour. C'est à cette époque qu'il écrivit sa première symphonie, en *mi* ♭, qu'il termina seulement au bout de cinq ans, en 1867, et que M. Balakirew fit exécuter sous sa direction avec un certain succès, le 4 Janvier 1869, dans un des concerts de la Société musicale russe. Encouragé par ce résultat, Borodine songea ensuite à composer un opéra et commença à mettre en musique un drame de Meï intitulé *la Fiancée du Tsar;* mais il ne tarda pas beaucoup à renoncer à ce travail, quoiqu'il fût déjà assez avancé. Il produisit alors coup sur coup un certain nombre de romances: *la Mer, la Princesse endormie, Dissonance, la Reine des mers, Vieille Chanson, Mon chant est amer* (1).

---

(1) C'est en parlant de l'une d'elles, *la Princesse endormie,* que M. Hermann Laroche, alors critique musical du *Golos,* caractérisait ainsi, dans ce journal, les romances de Borodine: — « La plus grande partie de cette romance est écrite *pianissimo.* L'auteur emploie sans doute cette nuance par discrétion, par commisération pour l'auditeur, à moins que ce ne soit par un sentiment de honte, comme on parle à voix basse des choses qu'on n'ose pas dire tout haut. Dans toutes ses œuvres, on dirait d'ailleurs qu'il s'attache à causer à l'auditeur un désagrément quelconque. Le titre d'une de ses romances, *Dissonance,* paraît être sa devise. Il lui faut toujours introduire quelque part une dissonance, souvent plusieurs, et il arrive parfois, comme dans cette romance, qu'il n'y ait pour ainsi dire pas autre chose. Une fois seulement, dans son quatuor, il semble avoir renié son idéal. Considérant l'abondance de ses cacophonies, il écrivit un jour,

C'est à ce moment que Borodine put croire qu'il allait s'essayer au théâtre, dans des conditoins d'ailleurs assez originales. Étienne Guédéonoff, directeur de l'Opéra russe, qui était un écrivain dramatique distingué, avait écrit le livret d'un opéra-ballet fantastique intitulé *Mlada,* qui devait comporter une mise en scène somptueuse; il s'apprêtait à monter cet ouvrage et désirait en voir composer la musique par les quatre champions de la nouvelle école, MM. Borodine, César Cui, Moussorgsky et Rimsky-Korsakoff. Ceux-ci entrèrent volontiers dans ses vues et se chargèrent chacun d'un acte du drame, tandis que M. Minkous devait écrire toute la musique de ballet proprement dite (1). Ils se mirent à l'œuvre, mais tandis qu'ils travaillaient l'entreprise de Guédéonoff sombrait, le théâtre changeait de mains, et bientôt il ne fut plus question de *Mlada.* L'un d'eux pourtant, M. Rimsky-Korsakow, ne perdit pas de vue le sujet, car, comme on le verra plus loin, il le traita à lui seul et fit représenter une *Mlada* en 1892. Et ce qu'il y a d'assez singulier, c'est qu'après la mort de Borodine, qui dans l'œuvre collective s'était chargé du quatrième acte et en avait tracé le finale sans l'orchestrer, le même M. Rimsky-Korsakow prit le soin de terminer et d'orchestrer ce finale, et le fit exécuter et publier ainsi.

Malgré tout, Borodine se sentait attiré vers le théâtre. Ce qui le prouve, c'est qu'après son essai avorté de *la Fiancée du Tsar,* après

---

pour sa défense, *Mon chant est amer;* mais cette bonne pensée passa trop vite et n'aboutit à rien; car l'automne dernier il édita chez Bessel trois nouvelles romances qui sont infestées du même poison. Il est invraisemblable, mais non moins indiscutable, que cet ennemi acharné de la musique ne soit pas sans talent; car, à côté des extravagances maladives et informes dont ses œuvres sont parsemées, on y rencontre parfois des harmonies pleines de richesse. Il se peut, après tout, que la tendance qui le porte vers le laid soit contraire à son instinct inné, et ne soit que le fruit amer d'une éducation artistique insuffisante». Il y a quelque chose de vrai sans doute dans cette critique, mais on la peut tenir néanmoins pour excessive.

(1) On sait que M. Minkous avait écrit à Paris la musique de *Néméa* ou *l'Amour vengé,* ballet représenté à l'Opéra le 14 Juillet 1864, et, conjointement avec Léo Délibes, celle de *la Source,* représentée au même théâtre le 12 Novembre 1866. De retour en Russie, M. Minkous y était devenu inspecteur d'orchestre dans les théâtres impériaux de Moscou, puis, en 1871, avait été nommé compositeur de la musique des ballets à l'Opéra russe, fonctions laissées vacantes par la mort de Cesare Pugni.

cette déconvenue de *Mlada*, il songea presque aussitôt, tout en écrivant une seconde symphonie (en *si* mineur), à mettre décidément sur le chantier un opéra. Cet opéra, c'était *le Prince Igor*, qu'il devait laisser inachevé et qui ne fut joué qu'après sa mort. Son ami M. Wladimir Stassow, qui fut son biographe, lui fournit le scenario d'un livret que lui-même refit ensuite et dont il écrivit les paroles. Le sujet, qui rappelait une époque légendaire de l'histoire de la Russie, était emprunté à un poème épique national, *l'Épopée de l'armée d'Igor*, dans lequel un auteur demeuré inconnu retraçait les hauts faits d'une expédition des princes russes contre les Polovtsi, peuple nomade de même origine ques les anciens Turcs, qui avait envahi les principautés russes vers le milieu du XIIe siècle. Ce sujet, traité malheureusement d'une façon un peu naïve et sans qu'il en résulte un vif intérêt, donnait du moins au compositeur, avec ses épisodes tantôt héroïques, tantôt pittoresques, l'occasion d'employer de vives couleurs, de trouver d'heureux contrastes, et surtout de communiquer à son œuvre un caractère de nationalisme profondément accentué.

Mais ici, Borodine se trouvait en désaccord avec ses amis du cénacle. Nous en trouvons la preuve dans sa correspondance, correspondance fort intéressante, qui non seulement nous renseigne sur ses idées en matière musicale, mais qui est tout à l'avantage de l'homme, en qui elle nous montre, avec un lettré instruit et délicat, un cœur plein de noblesse, de conscience et de bonté, fait pour exciter toutes les sympathies. Je n'en voudrais pour témoignage que ce fragment d'une lettre adressée à une de ses amies, Mme Karmalina, dans laquelle il énumère les raisons qui l'empêchent de se livrer aussi activement qu'il le souhaiterait à sa passion pour l'art : — « ... Compositeur recherchant l'incognito, dit-il, je suis gêné pour avouer mon activité musicale. Cela se comprend. Pour les autres, c'est l'affaire principale, l'occupation, le but de la vie. Pour moi c'est un repos, un passe-temps qui me distrait de mon activité principale, le professorat. Cui n'est pas un exemple pour moi. J'aime ma profession et ma science. J'aime l'Académie et mes élèves. Mon enseignement présente un caractère pratique, et par cela même me prend beaucoup de temps. Je dois entretenir des rapports fréquents avec les étudiants et les étudiantes (1), parce que la jeunesse doit être dirigée de près dans ses travaux. J'ai à cœur les intérêts de l'Académie. Si, d'une part, je désire finir mon œuvre, d'autre part je crains de m'en occuper trop assidûment et de jeter un mauvais reflet sur mes travaux scientifiques..... ».

Pour en revenir au désaccord que je signalais entre les idées de Borodine et celles de ses amis touchant le caractère à donner à la musique dramatique, j'ai recours encore à sa correspondance, où lui-même le constate : — « Il faut remarquer, dit-il, qu'au point de vue dramatique j'ai toujours été en désaccord avec un grand nombre. Le récitatif n'est ni dans ma nature ni dans mon caractère. Bien qu'au dire de certains connaisseurs je ne le manie pas trop mal, *je suis plutôt attiré par la mélodie et la cantilène*. Je suis de plus en plus entraîné vers les formes finies et concrètes ». Ceci est clair, et s'écarte complètement des doctrines préconisées par M. César Cui. Aussi la partition du *Prince Igor*, loin d'être conçue dans la forme du *Convive de Pierre* de Dargomijsky, si vantée par ce dernier, est-elle divisée en morceaux bien déterminés : airs, cavatines, duos, trios, etc.; ce qui, d'ailleurs, ne lui enlève, pas plus qu'à *la Vie pour le Tsar*, son caractère nettement et incontestablement national.

Il est cependant difficile d'apprécier exactement, par cet ouvrage, le talent de Borodine en tant que musicien dramatique, et cela parce que la partition du *Prince Igor* était loin d'être achevée lorsque mourut l'auteur, et que, je l'ai dit, elle dut être remaniée et terminée par M. Rimsky-Korsakow, qui se fit aider dans ce travail par son excellent élève M. Glazounow, l'espoir le plus brillant aujourd'hui de la jeune école musicale russe. Borodine n'avait écrit complètement que le prologue et les deux premiers actes; à l'aide de ses esquisses M. Rimsky-Korsakow dut remanier le deuxième acte et écrire entièrement le quatrième, tandis que M. Glazounow faisait l'ouverture et tout le troisième acte. Toutefois, dans ce que nous connaissons en France du *Prince Igor*, il y a une chose qui appartient en propre

---

(1) Borodine fut un des plus ardents partisans de l'accession des femmes à l'enseignement supérieur. C'est lui qui fonda, avec le professeur Rudnieff et Mme Tarnowskaïa, l'École de médecine pour femmes à Saint-Pétersbourg, école où il enseigna la chimie à partir de 1872 et dont il ne cessa de s'occuper activement jusqu'à sa mort.

à Borodine, ce sont les airs de ballet avec chœur, dont le tour est si curieux et le caractère oriental si remarquable. Ils sont charmants, ces airs de ballet, pleins de couleur, d'éclat et de mouvement, avec une rare originalité dans les idées émises et dans les rythmes employés. Et quel orchestre chatoyant, brillant, coloré, dans lequel le compositeur fait jouer à la batterie un rôle singulièrement important! Avec les timbales, en effet, on entend là, tour à tour ou tout à la fois, le tambour, la grosse caisse, les cymbales, le triangle, le tambour de basque: il n'y a pas à dire, tout le monde est de la fête, une fête et une orgie de sonorité vraiment délicieuse, car tout cela est employé avec une habileté et un tact exquis.

Il est certain qu'il y a dans la musique du *Prince Igor* une couleur nationale très prononcée, et c'est ce qui, malgré les défauts du poème, a maintenu l'ouvrage au répertoire, — car on en a fait récemment encore une reprise brillante à Saint-Pétersbourg. C'est aussi sans doute ce qui faisait dire à Borodine lui-même: « *Le Prince Igor* est essentiellement un opéra national qui ne peut avoir d'intérêt que pour nous autres Russes, qui aimons à retremper notre patriotisme aux sources mêmes de notre histoire et à voir revivre, sur la scène, les origines de notre nationalité » (1).

Les airs de ballet que j'ai signalés suffiraient à nous prouver l'habileté avec laquelle Borodine maniait l'orchestre. Cette habileté se retrouve dans la très curieuse « esquisse symphonique » à laquelle il a donné ce titre: *Dans les steppes de l'Asie centrale*. On reconnaît ici le penchant des compositeurs russes pour la musique à programme, ce penchant qu'ils tiennent de Liszt et de Berlioz, leurs modèles favoris, et qui, après avoir été partagé par Rubinstein et Tschaïkowsky, se retrouve aujourd'hui chez MM. Rimsky-Korsakow, Glazounow, Arensky et autres. Elle est très originale dans sa forme, très mélancolique d'accent, très intéressante au point de vue de l'orchestre, cette composition d'un sentiment poétique si pénétrant et si intense, pour laquelle Borodine s'était tracé lui-même ce programme: —

---

(1) Il y avait trois ans que Borodine était mort lorsque eut lieu à Saint-Pétersbourg la première représentation du *Prince Igor*. L'ouvrage avait pour interprètes Mmes Olguina et Slavina, MM. Melnikow, Wassiliew, Ougrinowitch et Stavrinsky.

« Dans le silence des steppes sablonneuses de l'Asie centrale retentit le premier refrain d'une chanson paisible russe. On entend aussi les sons mélancoliques des chants de l'Orient, on entend le pas des chevaux et des chameaux qui s'approchent. Une caravane escortée par des soldats russes traverse l'immense désert, continue son long voyage sans crainte, s'abandonnant avec confiance à la garde de la force guerrière russe. La caravane s'avance toujours. Les chants des Russes et ceux des indigènes se confondent dans la même harmonie ; leurs refrains se font entendre dans le désert et finissent par se perdre dans le lointain » (1).

Borodine tient, en réalité, une place assez importante dans l'histoire de la musique russe contemporaine. Sans exagérer sa valeur, on peut dire qu'il donne une note personnelle, et surtout caractéristique de son pays et de sa race. C'est un musicien un peu compliqué, un peu tourmenté, un harmoniste raffiné, subtil, et surtout audacieux, qui ne craint pas (pas assez, parfois) d'effaroucher les oreilles de ses auditeurs, un contrepointiste fort habile et un élégant manieur d'orchestre. Ce qui lui manque, c'est le calme dans la force, c'est l'unité de conception, c'est surtout le sentiment de la simplicité parfois nécessaire. A celles de ses œuvres que j'ai signalées, il faut joindre deux quatuors pour instruments à cordes (en *la* et en *ré*), une troisième symphonie, restée inachevée (qui a été terminée par M. Glazounow), un *Scherzo* pour orchestre, une *Sérénade de quatre galants à une dame*, quatuor comique pour quatre voix d'hommes (paroles et musique), un septuor pour chant et piano, une Petite Suite pour piano et différents morceaux de chant.

Si l'on peut vanter l'habileté musicale de Borodine, on n'en saurait dire autant de Moussorgsky, artiste étrange, incomplet, à l'éducation insuffisante et tronquée, maladroit par ignorance dans sa façon de rendre et de traduire ses idées, mais doué d'une faculté mélodique singulièrement savoureuse, profondément originale et d'un caractère

---

(1) Cette composition avait été destinée dans le principe à une représentation de tableaux vivants qui devait avoir lieu au théâtre de Saint-Pétersbourg, à l'occasion du 25ᵉ anniversaire de l'empereur Alexandre II. Il s'agissait d'évoquer successivement une série d'épisodes de l'histoire de la Russie.

parfois saisissant (1). Il étudia pourtant la musique dès son enfance, et fut confié de bonne heure à un pianiste nommé Herke, qui, dit-on, était un excellent professeur; mais l'indépendance de son caractère et la versatilité de son esprit l'empêchèrent sans doute de se plier à la discipline et aux règles sévères d'un art qui veut être respecté lorsqu'on prétend l'exercer d'une façon sérieuse. Et il est trop facile de voir que Moussorgsky avait le mépris le plus complet de ces règles et de cette discipline.

L'existence de Moussorgsky, tuée par l'ivresse et les excès, est celle d'un bohême pour qui les passions et l'esprit d'indépendance poussé jusqu'à la sauvagerie ne connaissent pas de frein. Admis, dès l'âge de treize ans, à l'ancienne École militaire des porte-enseignes de Saint-Pétersbourg, il en sort officier à dix-sept ans, et, ne pouvant s'astreindre à l'exacte régularité de la vie militaire, donne sa démission au bout d'une année.

N'étant point riche pourtant, il lui fallait vivre. Après avoir maladroitement gaspillé quelques années, avoir vécu tantôt à la campagne, tantôt chez sa mère, tantôt avec son frère et sa belle-sœur, il se livra d'abord à d'insipides travaux de traduction, puis enfin accepta un emploi au département du génie civil. Cela ne dura pas longtemps, et en 1868 il résignait ses fonctions. La

---

(1) Modeste Petrovitch Moussorgsky, né à Karevo, dans le gouvernement de Pskof, le 28 Mars 1839, est mort le 28 Mars 1881, précisément le jour où il accomplissait sa quarante-deuxième année.

misère le reprit cependant, et, bien qu'il n'eût point laissé d'excellents souvenirs dans l'administration, il y rentra, cette fois au département des forêts, qui dépend du ministère des domaines, d'où, toujours changeant, toujours difficile à satisfaire, il passa au département du contrôle, après quoi, disant enfin adieu à tout emploi, il donna sa démission pour entreprendre en 1879, avec une cantatrice fort distinguée, Mlle Léonoff, une grande tournée artistique dans la Russie méridionale et en Orient. Mais déjà la santé de Moussorgsky était minée par la misère, la maladie et les excès, et cet homme étrange, doué d'une vive intelligence et d'un réel sentiment de l'art, mourait en pleine jeunesse, avant même d'atteindre le seuil de sa quarante-troisième année.

Il va sans dire qu'au cours de cette existence aventureuse et décousue, Moussorgsky ne cessa jamais de s'occuper de musique. De bonne heure il s'était, par l'effet du hasard, rencontré avec Borodine. Il se retrouva un peu plus tard avec lui et, ainsi que lui, devint membre du petit cénacle dont MM. Cui et Balakirew avaient été les promoteurs. Mais c'est de celui-là qu'on peut dire qu'il fut toujours un indépendant. S'il occupe, ainsi qu'on l'a fait entendre, une place à part, isolée, parmi les musiciens russes de son temps, s'il échappe à toutes les influences, s'il déploie toutes les audaces, ce n'est pas seulement parce qu'il avait un tempérament artistique tout particulier, mais aussi, mais surtout, parce que, resté volontairement ignorant des principes de l'art, de l'orthographe même du métier, il se permettait, comme sans y penser, les licences les plus étonnantes et traduisait sa pensée telle qu'elle se présentait, sans se soucier de lui donner une forme quelconque. Il y a vraiment, sous ce rapport, une analogie frappante entre les productions de Moussorgsky et celles de nos prétendus poètes décadents, avec cette différence pourtant qu'on ne peut nier les superbes éclairs d'inspiration du musicien russe, et que ses chants, tout bizarres, tout difformes même qu'on les peut trouver, ont souvent en eux une force d'expression et un accent dramatique dont nul ne saurait méconnaître l'intensité. Il y aurait injustice à prétendre que celui-là parlait pour ne rien dire; malheureusement, il se contentait trop souvent de balbutier.

En réalité, Moussorgsky n'était pas un musicien; c'était, comme on l'a dit de Berlioz, mais à un degré diantrement plus accentué, un poète qui se servait d'éléments musicaux, et pour lui ces éléments étaient singulièrement restreints. Son éducation était à ce point incomplète, qu'il ne savait même pas tirer d'une idée le parti qu'elle comportait, donner même un plan à une simple mélodie vocale. Ses romances ne sont pas écrites, elles n'ont aucun développement rationnel, et la plupart du temps elles finissent à peine commencées, brusquement, tournant court et sans que l'on sache pourquoi. Voyez le *Dit de l'innocent*, la *Prière de l'enfant*, *Dans le coin*, *Sans soleil*, *Chanson d'enfant*, d'autres encore. Avec cela, des idées musicales d'une saveur étrange, d'une poésie souvent exquise et d'un sentiment dramatique d'une étonnante profondeur; de vrais cris de l'âme, d'une intensité parfois tragique et toujours émouvants (1).

Quant à sa musique de piano, qu'en dire? Est-ce bien là de la musique, et peut-on lui donner ce nom? Je prends son recueil de *Tableaux d'une exposition*, et je cherche à comprendre, sans pouvoir y parvenir. Cela n'a ni sens ni couleur, ni forme ni contour, on peut dire ni queue ni tête. Volontairement pas de plan, pas de conduite, des notes inscrites successivement et comme elles venaient, au cours d'une improvisation folle, sans aucune idée d'ensemble ou de cohésion. Ce sont là, non pas même des ébauches, mais des divagations bizarres, qu'aucun musicien digne de ce nom n'oserait livrer au public. Je ne sais ce que pourront penser de moi, en lisant ces lignes, les admirateurs quand même de Moussorgsky (il paraît qu'il en a!), mais je déclare que ceci est en dehors de toute espèce de conditions artistiques, qu'en un mot ça n'existe pas.

Que si l'on m'objectait que Moussorgsky a pourtant écrit des œuvres

---

(1) Je parlais de l'« indépendance » de Moussorgsky, ainsi que de la difficulté qu'il éprouvait à traduire sa pensée, ce qui l'amenait à des bizarreries étranges. Je prends le numéro 1 de ses *Scènes d'enfants:* dans les cinquante-trois mesures que comporte ce morceau, on trouve *vingt-sept* changements de mesure, comprenant des mesures à quatre temps, à 7/4, à 3/4, à 5/4, à 6/4, etc. Quel sens rythmique veut-on que cela puisse avoir, quelle figure musicale cela peut-il donner? Et à ce seul point de vue du rythme, Moussorgsky ne savait même pas écrire logiquement et correctement. Par exemple, pour une mesure à 6/4, qui n'est qu'un élargissement de la mesure à 6/8, je trouve, à la quarante-quatrième mesure de ce même morceau: une noire, un soupir, une demi-pause (!) et une blanche. On dirait une mesure à 3/2. C'est plein d'incorrections de ce genre.

importantes, qu'il s'est même attaqué au théâtre, je dirais qu'il ne s'en est pas très bien trouvé, et qu'il n'a réussi d'ailleurs à se rendre *exécutable* que lorsque d'autres ont pris la peine de corriger sa musique et de la mettre, comme on dit, « sur ses pieds ». C'est ce qu'a fait, entre autres, M. Rimsky-Korsakow. Ce n'est pas le tout, en effet, que d'avoir de l'inspiration, et j'ai dit que Moussorgsky n'en manquait pas, mais encore faut-il savoir s'en servir. Or, pour une œuvre compliquée et de longue haleine, il ne suffit pas de tirer de son cerveau quelques jolies mélodies, même quelques cris de passion puissante et émue; il faut savoir coordonner et présenter ses idées, les *habiller*, leur donner le relief et la figure nécessaires. On a beau jeu à jeter le mépris et la raillerie sur la critique, comme l'a fait, au sujet de Moussorgsky, un biographe enthousiaste de celui-ci, M. Pierre d'Alheim, qui n'a pas assez d'invectives pour ceux auxquels il ne convient pas de s'agenouiller, comme lui, devant le « génie » du compositeur, et qui excuse ainsi ses erreurs: « Sans s'attacher, dit-il, à grandir les moyens d'expression, Moussorgsky cherchait simplement à traduire les cris de l'âme qui frappaient son oreille ou sonnaient en lui. Certes, *il foula les lois, mais fatalement, sous la pesée de sa pensée* » (1). C'est bientôt dit. Mais encore, pour fouler les lois d'une langue de façon à se le faire pardonner, parfois même à se faire admirer, il faut précisément les connaître, et connaître cette langue dont on veut se servir. C'est ce qu'ont fait les artistes immortels, les Rameau, les Beethoven, les Rossini, les Wagner. Quant à Moussorgsky, il ne connaissait pas la langue musicale, et lorsqu'il a péché, ce n'est point par génie, c'est par ignorance. Si vous voulez faire des vers sans savoir ni l'orthographe, ni la syntaxe, ni la métrique, quelque poésie que vous ayez dans l'âme vous ne parviendrez, au point de vue littéraire, qu'à faire des monstres. C'est là, au point de vue musical, le cas de Moussorgsky, qui ne connaissait ni l'orthographe, ni la syntaxe, et qui, par conséquent, ne pouvait produire que des œuvres informes et incomplètes. J'avais écrit à ce sujet à un de mes amis de Saint-Pétersbourg, en lui disant ce que je pensais de ce compositeur, à mon sens trop *illettré*. Il me répondit: « Ce que vous me dites de Moussorgsky est on ne

---

(1) *Moussorgsky*, par Pierre d'Alheim. Paris, 1896, in-12.

peut plus juste, et c'est pourquoi il est méconnaissable dans ses œuvres posthumes, *qui ont été corrigées et remaniées* par M. Rimsky-Korsakow, très fort au point de vue de la forme. Il en est ainsi de ses chœurs, de *la Nuit au Mont-Chauve*, de la *Khavantschina*. Rimsky vient de refaire aussi le *Boris Godounow* de Moussorgsky, et cette refonte doit être représentée cet hiver par une société d'amateurs. Certains ont parlé du caractère populaire de la musique de ce compositeur. Quiconque voit les choses de près sait cependant que pas une idée musicale de Moussorgsky n'a passé ni ne peut passer dans le peuple, que quand les idées de cet artiste s'élucident et acquièrent quelque saveur, c'est de la muse populaire elle-même, ou de l'inspiration si éminemment nationale de Glinka qu'elles procèdent. Tout le reste est difforme et bizarre, à moins que M. Rimsky-Korsakow ne l'ait purifié et remanié ».

Moussorgsky était sans doute bien doué, et il eût pu faire parler de lui s'il avait consenti à travailler et à se familiariser avec la pratique de son art. L'intérêt que ne cessa de lui porter M. Rimsky-Korsakow ne pouvait évidemment s'adresser à une intelligence ordinaire, et l'on sait d'ailleurs que Moussorgsky avait l'âme d'un poète. Mais il se figurait trop que l'imagination suffit à un poète, et à une confiance aveugle en lui-même il joignait un trop grand mépris du savoir et de ceux qui ont pris la peine de l'acquérir (1).

---

(1) Pour preuve, ces paroles que lui attribue son biographe M. Pierre d'Alheim, qui croit peut-être rendre service à la mémoire de Moussorgsky en dévoilant ainsi le sens critique de son héros. Il s'agit de la *Danse macabre* de M. Saint-Saëns: — « ..... Que fait M. Saint-Saëns? Il décroche une petite miniature et la met dans un cadre énorme. Il prend de toutes petites pensées et les noie dans un gouffre instrumental. Il appelle cela: *Danse macabre*. Il a pu comparer l'oppressant et angoisseux *Dies iræ* de Liszt à cette miniature sentimentale, M. Saint-Saëns! Ce n'est pas « de la musique », des mots, de la palette, du ciseau qu'il nous faut — non, allez au diable, farceurs, beaux parleurs et *tutti quanti* — mais donnez-nous des idées vivantes, tenez aux gens des discours vivants, quel que soit le sujet que vous traitiez! Vous ne tromperez personne avec vos jolis sons: vous avez l'importance d'une jolie femme qui sait présenter gentiment des cornets de bonbons à son ami. Vous qui régnez sur l'orchestre, M. Saint-Saëns, vous ne produisez que trios, *quartetti, quintetti*, etc., qui relèvent tous de l'arithmétique! M. Saint-Saëns, un novateur! De toute la moëlle de mon cerveau, je le renie; de toute la force des battements de mon cœur, je le repousse! Un encadreur de miniatures, qu'avons-nous à en faire? » Inutile d'in-

C'est ce qui fait qu'avec d'heureux dons naturels, une imagination vive et de beaux élans d'inspiration, Moussorgsky ne laissera pas de traces de son passage et paraît devoir être promptement oublié. Heureux si quelques-unes de ses mélodies, d'un sentiment si intense, peuvent sauver son nom d'une obscurité complète!

J'ai prouvé, par un exemple, qu'il ne savait même pas le solfège; il serait aussi facile de prouver qu'il ne savait pas davantage l'harmonie. Et si l'on croyait que j'exagère en parlant ainsi, on n'aurait qu'à s'adresser à M. César Cui, qui n'était certes point payé pour se montrer sévère à l'égard d'un des membres de la « coterie. » Voici pourtant comment M. Cui s'exprimait sur le compte de Moussorgsky, alors que celui-ci vivait encore: — « ..... Cette nature si largement douée semble par moments, si singulier que cela paraisse à dire, *ne pas être absolument musicale*, ou bien ne pas appartenir à la catégorie des sensitifs en musique. Il y a, en effet, *de très grandes lacunes à constater chez lui*, à côté de nombreuses et belles qualités. Les formes symphoniques sont tout à fait étrangères à M. Moussorgsky; travailler ou développer des situations musicales n'est guère son fait; *sa modulation est par trop libre*, et on dirait, par moments, qu'*elle ne procède que du pur hasard;* il ne sait pas mettre la continuité voulue dans le tracé des parties d'une mélodie harmonisée, et ces parties prennent souvent, sous sa plume, *des aspects impossibles, contre nature, produisant des harmonies qui s'en vont à vau-l'eau et des duretés intolérables*. Le sens critique et l'instinct du beau ne se révèlent pas toujours à son entendement; son talent revêt le caractère d'une étonnante sauvagerie, impatiente de tout frein. Et pourtant tous ces impétueux écarts, toutes ces irruptions désordonnées sont d'un jet plantureux, d'une sève généreuse, et constituent à M. Moussorgsky une physionomie parfaitement individuelle et originale. » Il est impossible de constater plus nettement l'ignorance d'un artiste.

En réalité, la musique de Moussorgsky ne devenait possible que lorsqu'une main amie et expérimentée avait pris la peine de la

---

sister. Il serait trop cruel d'établir un parallèle entre la personnalité musicale de Moussorgsky et celle de M. Saint Saëns, entre l'auteur de *Boris Godounow* et l'auteur de *Samson et Dalila!*

revoir et de la soigneusement corriger. En 1866, il écrivit une composition symphonique intitulée *une Nuit sur le Mont-Chauve*, qui ne fut exécutée à Saint-Pétersbourg qu'en 1886, cinq ans après sa mort, alors que M. Rimsky-Korsakow l'avait réorchestrée. C'est dans le même temps qu'il s'occupa de son premier ouvrage dramatique, *Boris Godounow*, opéra en cinq actes, dont le sujet lui avait été suggéré par son ami le professeur Nikolsk, d'après une tragédie de Pouschkine, et dont il écrivit le poème et la musique. Cet ouvrage, représenté le 6 Février 1874 au théâtre Marie, de Saint-Pétersbourg, n'obtint aucun succès. Il en produisit un second, *Khavantchina*, en cinq actes et six tableaux, dont il fit aussi le poème et la musique, mais que la mort lui fit laisser inachevé; celui-ci fut terminé et orchestré encore par M. Rimsky-Korsakow. Quelques représentations particulières en furent données, en Février 1886, par le Cercle musical et dramatique de Saint-Pétersbourg; on le joua ensuite à Kiew en Octobre 1892, puis, en Octobre 1893, sur un théâtre privé de Saint-Pétersbourg. (J'en ai entendu, au piano, quelques morceaux qui sont absolument informes.) Une composition symphonique intitulée *Intermezzo* n'a pu être exécutée que sur une réorchestration de M. Rimsky-Korsakow — toujours! On connaît encore de lui *la Défaite de Sennachérib*, chœur avec orchestre; deux Chœurs hébraïques; *Scènes d'enfants*, recueil de sept mélodies; *Tableaux d'une Exposition*, dix pièces pour piano; quelques morceaux détachés de piano; enfin, un grand nombre de mélodies, sur paroles de Pouschkine, Goethe, Henri Heine, Nokrasof, Chevtchenko, A. Tolstoï, Koltsof, Meï, Golenitchef-Koutousof et de Moussorgsky lui-même. J'ai dit le caractère poétique, dramatique et parfois saisissant de quelques-unes de ces mélodies; il en est, paraît-il, d'autre part, qui revêtent un étonnant sentiment comique. Enfin, Moussorgsky avait esquissé la musique d'un acte de *Mlada*, l'opéra collectif dont il a été parlé au sujet de Borodine.

Nous arrivons à l'artiste le plus en vue du petit groupe des réformateurs, en même temps qu'à celui dont la notoriété est indiscutablement la plus grande en Russie depuis la disparition si regrettable de Rubinstein et de Tschaïkowsky. Je veux parler de M. Rimsky-Korsakow, qui représente aujourd'hui l'école russe dans ce qu'elle a de plus élevé et de plus foncièrement original (1). Musicien laborieux et fécond, plus fécond peut-être que largement inspiré, mais doué d'heureuses facultés et pourvu d'une instruction solide, M. Rimsky-Korsakow, qui s'est produit dans tous les genres : musique dramatique, symphonie, musique instrumentale, chant seul ou en chœur, n'avait cependant, comme plusieurs de ses confrères, étudié d'abord la musique qu'en amateur, et c'est après avoir fait ses preuves comme officier de marine que, tout jeune encore, il renonça à cette carrière pour se livrer sans réserve à ses goûts artistiques.

On peut croire que, comme je le disais, M. Rimsky-Korsakow avait acquis, même dans ces conditions, une instruction musicale solide, puisque il était âgé de vingt-sept ans seulement lorsque, en 1871, il se vit chargé d'une classe de composition et d'instrumentation au Conservatoire de Saint-Pétersbourg, et que, peu de temps après, il était placé à la tête de l'École gratuite de musique fondée précédemment par M. Balakirew. Plus jeune que tous les membres du petit cénacle, il y était entré le dernier, et, naturellement, subit l'influence de MM. Balakirew et César Cui, ce qui se voit dans sa musique dramatique. Toutefois, son robuste tempérament musical le mit à l'abri de certaines exagérations, et, d'autre part, son intime connaissance de la musique populaire et

---

(1) Nicolas Andreïewitch Rimsky-Korsakow est né à Tiekwin le 18 Mars 1844.

l'emploi qu'il en a fait d'une façon très heureuse dans ses œuvres de divers genres lui ont donné une incontestable originalité.

Dès 1873, M. Rimsky-Korsakow abordait le théâtre avec un opéra en quatre actes, *la Pskovitaine* (la fille de Pskow), dont le sujet était emprunté à un drame du poète Meï, et qui fut représenté au théâtre Marie, de Saint-Pétersbourg (1). Dans ce premier ouvrage, M. Rimsky-Korsakow commença à employer, non sans ingéniosité, plusieurs thèmes populaires russes (entre autres, au premier tableau, une délicieuse mélodie du district d'Arzamos, qui forme le numéro 27 du recueil de chants populaires de M. Balakirew). Par ailleurs, l'inspiration du compositeur paraissait un peu courte dans la partition de *la Pskovitaine*, le récitatif en était un peu sec, et on lui reprochait certaines harmonies dont l'audace allait pour l'oreille jusqu'à la cruauté. L'ouvrage obtint seize représentations, à la suite desquelles il disparut complètement du répertoire. On le revit pourtant, au mois d'Avril 1895, au théâtre Panaïew, où un cercle artistique, la « Société pétersbourgeoise de réunions musicales, » eut l'idée de le faire représenter. L'auteur, pour cette circonstance, avait remanié sa partition, en l'améliorant d'une façon notable.

Huit années se passent sans que M. Rimsky-Korsakow reparaisse de nouveau à la scène. D'autres travaux l'occupent alors, dont j'aurai à parler plus loin. Entre autres il écrit, à l'occasion d'un concours ouvert par la Société impériale russe de musique, un quatuor pour instruments à cordes qui lui vaut une mention honorable, et il publie un excellent recueil de 100 chansons populaires russes, recueillies et harmonisées par lui. Puis, le 20 Janvier 1880, il donne au théâtre Marie son second opéra, *la Nuit de Mai*, en trois actes, dont le sujet, semi-fantastique, semi-comique, était tiré d'un conte très populaire de Nicolas Gogol. Ici, le compositeur donnait une note nouvelle, la note humoristique et gaie, et la veine mélodique était plus abondante et plus franche que dans *la Pskovitaine*. Le premier acte de *la Nuit de Mai* était plein de grâce et de mélancolie,

---

(1) A remarquer que l'année précédente M. Rimsky-Korsakow, qui s'est toujours signalé par son habileté à manier l'orchestre, avait donné une première preuve de cette habileté en instrumentant la partition du *Convive de Pierre*, l'opéra laissé inachevé par Dargomijsky, qui était représenté au théâtre Marie le 28 Février 1872.

tandis que le second se distinguait par sa fantaisie et sa verve comique; le troisième était sans doute de qualité inférieure, trop long d'ailleurs, et ne faisait guère remarquer qu'une fort jolie berceuse; néanmoins, l'ouvrage en son ensemble fut bien accueilli, fort bien joué qu'il était d'ailleurs par Mmes Bitchourine, Plawina, Wielinskaïa, et MM. Stravinsky, Lodi, Ende, Melnikoff et Sobolew. *La Nuit de Mai* a été reprise non sans succès, sur la scène du théâtre Michel, au mois d'Octobre 1894.

Deux années seulement séparent *la Nuit de Mai* d'un autre ouvrage qui est peut-être le meilleur du compositeur, *Snegourotchka* (*la Fille de neige*), opéra fantastique en quatre actes et un prologue, écrit sur un poème d'Ostrowski, et qui fut représenté en 1882. Le sujet féerique et légendaire de celui-ci, où l'humour côtoie incessamment la poésie, était bien fait pour exciter l'inspiration du compositeur, dont la partition est tout empreinte de grâce et de fraîcheur, avec un sentiment national très prononcé. On n'y saurait reprendre que certains développements parfois un peu excessifs, ce qui est le défaut assez ordinaire de l'auteur — et, disons-le en passant, de presque tous les musiciens russes. Mais il y a là nombre de morceaux et d'épisodes particulièrement bien venus, tels que la scène franchement amusante du roi Bérendéi, l'adorable et savoureuse chanson du berger (dont tout le rôle est charmant, ainsi que celui de la Fille de neige), le prélude du second acte et le troisième acte en son entier. Ici encore M. Rimsky-Korsakow a prouvé, même dans son orchestre, qui est étincelant, qu'il possédait le vrai sentiment comique.

La partition de *Mlada* a peut-être plus d'ampleur. *Mlada* est cet opéra-ballet féerique en quatre actes, dont Étienne Guédéonoff avait tracé le livret et qu'il avait eu l'idée de faire mettre en musique par quatre compositeurs. On se rappelle que ce projet n'avait pu être réalisé. Finalement, M. Rimsky-Korsakow en composa la musique entièrement, et l'ouvrage fut représenté au mois de Novembre 1892. Le sujet, essentiellement national et de nature légendaire, évoquait une époque antérieure à l'introduction du christianisme dans les pays slaves et faisait revivre les mœurs des anciens slaves baltiques. L'œuvre est compliquée, mais d'un intérêt musical très intense, et elle a des parties charmantes, particulièrement des chœurs délicieux et de jolis airs de ballet. La modulation y est traitée d'une main maîtresse. L'ensemble est très poétique, d'un joli caractère et d'une heureuse couleur, et le jet mélodique est plein d'élégance. L'originalité du fond se joint à l'originalité de la forme.

Le dernier ouvrage dramatique de M. Rimsky-Korsakow est un opéra fantastique en quatre actes et neuf tableaux, *la Nuit de Noël*, qui a été représenté au théâtre Marie le 10 Décembre 1895. Cette fois le compositeur avait écrit lui-même son livret, en s'inspirant d'un conte très populaire de Nicolas Gogol, *la Veille de Noël*, qui avait déjà donné naissance à trois autres opéras: l'un, *Vakoul le Forgeron*, de Tschaïkowsky, joué au même théâtre le 6 Décembre 1876; un autre, de M. Soloview, qui avait été donné avec un certain succès sur un théâtre privé; et un troisième, en dialecte petit-russien, dû à M. Lissenko, qui acquit une sorte de popularité a Kiew et à Kharkow, et dont la musique a été appliquée par des troupes petites-russiennes à une féerie empruntée aussi au fameux conte de Gogol et qu'elles ont jouée avec succès, pendant plusieurs années, à Saint-Pétersbourg même. La partition de *la Nuit de Noël* est, dit-on, l'une des plus distinguées qu'ait écrites M. Rimsky-Korsakow; elle n'est pas, comme ses autres œuvres, entachée des longueurs qui parfois leur portent préjudice, mais elle manque d'élan et de spontanéité dans son caractère mélodique. Les idées y sont courtes, manquant souvent du développement nécessaire, et pour vouloir, selon les préceptes de l'école à laquelle il appartient, s'écarter trop résolument des formes traditionnelles de l'opéra et s'appliquer sans trêve à la continuité du dialogue musical, le compositeur a, par instants, alourdi et empâté son œuvre plus qu'il ne faudrait. Par exemple, toute la partie symphonique, qui se rapporte au côté fantastique du sujet, y est traitée de main de maître et offre un caractère séduisant et plein d'originalité. En dehors de cela, plusieurs morceaux sont d'ailleurs à signaler, notamment deux jolies romances de ténor et deux cavatines de soprano, dont l'une est empreinte d'un sentiment de mélancolie touchante. *La Nuit de Noël*, qui avait pour interprètes Mmes Mravina, Kamensky et Younossova, MM. Yerschow, Stravinsky, Koriakine, Ougrinovitch et Tchouprinnikow, a été très favorablement accueillie par le public.

Mais je crois bien, malgré le talent qu'il y a déployé et le succès relatif qu'il en a obtenu, que le meilleur de la notoriété qui s'attache très justement au nom de M. Rimsky-Korsakow ne lui vient pas de celles de ses œuvres qui ont le théâtre pour objet. M. Rimsky-Korsakow est avant tout un symphoniste, et c'est à ses productions instrumentales qu'il doit, en son pays, le plus clair de sa brillante renommée. Il a écrit d'abord trois symphonies proprement dites, dont une, la seconde, qui porte un titre particulier, *Antar*, est plutôt un poème descriptif; la troisième, en *ut*, a été composée en 1886. A cela il faut ajouter une *Sinfonietta* sur des thèmes russes (en *la* mineur), une Ouverture sur des thèmes russes (en *ré* majeur), une autre Ouverture, *la Pâque russe*, sur des thèmes de l'Église russe, une Fantaisie sur des thèmes serbes, un *Capriccio espagnol*, enfin deux poèmes symphoniques: *Sadko* et *Schéhérazade* (ce dernier inspiré par *les Mille et une Nuits*), et un *Conte féerique* pour orchestre. Dans tout cela on voit que le côté caractéristique de la musique russe, sa couleur nationale, tient une grande place dans les préoccupations du compositeur, qui retrempe et fortifie son inspiration aux véritables sources populaires, qu'on peut dire presque inépuisables en son pays. D'autre part il semble que M. Rimsky-Korsakow, comme la plupart des artistes ses compatriotes, a subi beaucoup, au point de vue un peu chimérique de la puissance pittoresque de la musique, l'influence de Liszt et de Berlioz. Ces artistes veulent sans doute demander à la musique plus qu'elle ne peut donner, et, volontairement, prétendent confondre un peu l'art des sons avec l'art des couleurs.

Quoi qu'il en soit, les connaissant peu dans leur état naturel, il nous est bien difficile de juger ici, d'après de simples réductions au piano, même à quatre mains, de la valeur et de l'effet des compositions symphoniques de M. Rimsky-Korsakow, qui brillent surtout, je crois, par le talent véritablement prodigieux avec lequel l'auteur manie les éléments divers de l'orchestre, dont il obtient des effets surprenants. Je me rappelle toutefois avoir entendu, aux concerts russes de l'Exposition universelle de 1878 (que dirigeait avec un talent si magistral le regretté Nicolas Rubinstein), son poème symphonique de *Sadko*, qui est effectivement instrumenté de la façon la plus brillante et dont les idées, si elles sont un peu courtes, ont du moins du caractère et de la saveur. Plus récemment on nous a fait faire connaissance, au concert du Châtelet, avec son *Capriccio espagnol*, qui est un tableau réaliste un peu cru de ton peut-être, mais très curieux et parfois très piquant comme arrangement orchestral, avec une débauche de sonorité et des accouplements de timbres tout à fait extraordinaires. On cite comme très pittoresque, et présentant une succession de tableaux d'une couleur éblouissante, la suite d'orchestre intitulée *Schéhérazade*. Cette préoccupation du pittoresque est tellement inhérente au talent très personnel de M. Rimsky-Korsakow, qu'elle domine même dans ses symphonies proprement dites, que nous ne connaissons pas en France. La seconde, même, *Antar*, est écrite sur un programme, que l'auteur a prétendu suivre pas à pas, en y mêlant jusqu'à de la psychologie, ce qui est assurément le comble de ce que l'on peut exiger et tirer de la musique sans le secours des paroles (1).

Néanmoins, il est certain que c'est surtout ce genre de compositions, où il est passé maître, qui a rendu fameux en Russie le nom

---

(1) On peut s'en convaincre par ce compte-rendu que M. César Cui faisait de cette symphonie:

« Le sujet est tiré d'une nouvelle orientale. Antar, en butte à l'ingratitude des hommes, s'est retiré dans un désert. Soudain apparaît une gazelle poursuivie par un oiseau gigantesque. Antar tue le monstre, sauve la gazelle, s'endort, et se voit en songe transporté dans un palais magnifique où il est charmé par des chants et des danses; la fée de ce palais lui promet les trois grandes jouissances de la vie; puis il se réveille dans le désert. Voilà le programme de la première partie. C'est un admirable spécimen de musique descriptive. Les accords mornes du désert, la course gracieuse de la gazelle, le vol lourd du monstre, exprimé par des harmonies sinistres (?), enfin les danses pleines d'abandon voluptueux, tout est plein d'inspiration. Seulement, dans les danses, le motif est trop court pour leur dimension, et il est trop souvent répété. — La deuxième partie, *Les Délices de la vengeance*, est pleine d'énergie sauvage, de rudesse sanguinaire et violente dans la musique comme dans l'orchestration. — La troisième partie, *Les Délices du pouvoir*, se compose d'une splendide marche orientale ornée d'arabesques aussi charmantes que nouvelles. — La dernière partie, *Les Délices de l'amour*, reste le point culminant de l'œuvre. La poésie de la passion y est sentie et rendue d'une manière supérieure. — Encore deux remarques à propos d'*Antar*. Pour rendre la couleur locale encore plus frappante, Korsakow fait usage de trois thèmes arabes originaux, et le thème d'Antar lui-même se trouve reproduit dans toutes les parties malgré leurs caractères absolument différents, ce qui donne à la symphonie une grande cohésion » (*Ménestrel*, 9 Mai 1886).
— Ici, on le voit, le compositeur emprunte à Wagner son procédé favori, en le transportant dans la musique instrumentale. Mais la musique dramatique de Wagner est-elle autre chose qu'instrumentale?

de M. Rimsky-Korsakow. Pour ce qui est de la musique spéciale de piano, il en a peu écrit: une Suite (*Valse, Intermezzo, Scherzo, Nocturne, Prélude* et *Fugue* sur le thème B-A-C-H) (1); 4 Morceaux (*Impromptu, Novellette, Scherzino,* Étude); 3 Morceaux (*Valse, Romance, Fugue*); 6 Fugues. Mais ce qu'il faut signaler surtout parce que c'est très beau, très mâle, dans la juste mesure, sans développements inutiles et superflus, intéressant au point de vue du dessin adopté dès l'abord et qui est travaillé jusqu'à la fin avec beaucoup d'habileté, c'est le superbe concerto en *ut* ♯ mineur, dédié à la mémoire de Liszt, et qui est digne de ce noble souvenir. C'est là une œuvre de premier ordre, d'une belle ordonnance et d'une conception supérieure, et qui fait le plus grand honneur à M. Rimsky-Korsakow.

Ce ne sont pas encore là les seules compositions de M. Rimsky-Korsakow, dont la fécondité n'est pas le moindre mérite, cette fécondité, véritable apanage des forts, que M. César Cui blâmait si amèrement chez Rubinstein et chez Tschaïkowsky, et dont — avec raison d'ailleurs — il félicite son compagnon et son ami. M. Rimsky-Korsakow a encore écrit un assez grand nombre de romances et mélodies d'un accent très personnel; plusieurs chœurs *a cappella* pour voix d'hommes ou pour voix de femmes; d'autres chœurs, pour voix mixtes, avec accompagnement d'orchestre ou de piano; enfin, une Sérénade pour violoncelle avec piano, et une Fantaisie de concert pour violon et orchestre sur des thèmes russes. Dans la plupart de ses œuvres, quel qu'en fût le genre, M. Rimsky-Korsakow a mis largement à contribution la mine si riche des chants populaires et des mélodies nationales, qu'il connaissait mieux que personne pour en avoir recueilli lui-même un grand nombre, et dont l'abondante variété est presque inépuisable. Et lorsqu'il ne les employait pas directement, il s'inspirait si bien de leur accent, s'imprégnait si profondément de leur couleur, que sa musique en prenait une saveur *sui generis*, un caractère vraiment original et tout à fait particulier. Sous ce rapport il a suivi les traditions de Glinka et est entré vigoureusement dans le sillon creusé par lui.

---

(1) [B A C H notation] selon la nomenclature allemande.

En fait, depuis la mort des deux grands artistes, ses aînés, que la Russie pleure encore, on peut dire de M. Rimsky-Korsakow qu'il se trouve virtuellement à la tête du mouvement musical de son pays, et cela non seulement à cause du nombre et de la valeur de ses travaux, mais aussi par le fait de son enseignement et de la haute situation qu'il occupe comme professeur au Conservatoire de Saint-Pétersbourg, où il a fêté en 1896 le vingt-cinquième anniversaire de son entrée en fonctions. Il a, durant ce quart de siècle, formé un grand nombre d'élèves, dont quelques-uns, comme MM. Glazounow, Arensky, Wihtol, Gretchaninow, etc., ont déjà fait parler d'eux.

C'est aussi, maintenant que j'ai fait connaître, autant qu'il était en moi, ceux qu'on peut appeler les fondateurs et les premiers chefs de l'école musicale russe, ceux qui, par leurs travaux, par leurs écrits, par leurs exagérations même, ont appelé sur elle l'attention et lui ont donné son importance, c'est de leurs élèves et de leurs successeurs que je vais m'occuper pour terminer ce travail, en essayant de jeter un rapide coup d'œil sur l'état présent de la musique en Russie et de faire saisir aussi exactement que possible l'ensemble de la situation de l'art en ce pays.

Je m'en voudrais cependant, avant de terminer ce chapitre, de ne pas signaler comme il le mérite le nom d'un artiste fort distingué qui, s'il n'est pas Russe de naissance, est établi depuis trente-cinq ans en Russie, où il a rendu d'importants services et où il a pris sa large part du mouvement musical contemporain. Je veux parler de M. Édouard Napravnik, l'excellent chef d'orchestre du théâtre Marie de Saint-Pétersbourg, né le 24 Août 1839 à Bejst, près Koeniggratz (Bohème), mais qui, après avoir fait d'excellentes études musicales à Prague, est depuis 1861 fixé dans la capitale de la Russie. Pianiste, organiste et surtout chef d'orchestre de premier ordre, M. Napravnik s'est particulièrement distingué par le talent avec lequel il a dirigé, au théâtre impérial, l'exécution de toutes les œuvres des compositeurs russes. Il a donné lui-même à ce théâtre trois ouvrages importants: *les Bourgeois de Nijni-Novogorod*, *Harold* et *Doubrowsky* (dont le livret lui avait été fourni par M. Modeste Tschaïkowsky, le frère de l'artiste si justement regretté). M. Napravnik a écrit encore nombre d'autres œuvres: trois symphonies (dont une intitulée *le Démon*), un concerto de piano avec orchestre (en *la* mineur), une *Fantaisie russe* pour piano et orchestre, deux quatuors pour instruments à cordes, une Marche de fête et six Danses nationales pour orchestre, deux Suites pour violoncelle et piano, trois Morceaux pour les mêmes instruments, enfin des romances, des chœurs et différentes pièces de piano. Toutefois, et quoiqu'elles soient remarquablement écrites, les compositions de M. Napravnik manquent un peu trop, dit-on, d'élan et de véritable inspiration. C'est surtout comme chef d'orchestre, et par la collaboration intelligente et zélée qu'il n'a cessé de prêter sous ce rapport à ses confrères, que cet excellent artiste s'est fait à Saint-Pétersbourg une situation hors de pair, due à un dévouement infatigable et à un incontestable talent. Je crois que M. Napravnik est professeur au Conservatoire.

III.

Le mouvement actuel.

Depuis vingt ans toute une génération d'artistes s'est formée, à la suite et à l'exemple de ceux qu'on peut appeler les fondateurs de l'école musicale russe, artistes tout préparés à recueillir la succession de leurs maîtres et devanciers, et disposés à ne pas laisser tomber leur gloire en déshérence. Un peu flottants, un peu hésitants peut-être sur la route à suivre, les uns penchant vers l'intransigeance un peu farouche que certains leur conseillaient, les autres, plus sensés, comprenant que tout en conservant à leur art son caractère national, il était à la fois imprudent et inutile de vouloir briser brutalement avec les saines traditions séculairement établies par l'expérience de l'art occidental, tous néanmoins travaillaient avec ardeur, parfaitement décidés à ne pas laisser ébranler le mouvement superbe qui faisait tant d'honneur à leur pays et qui avait fixé les regards de l'Europe musicale attentive et surprise. Parmi ces artistes il en est, et ce ne sont pas les moins jeunes, qui ont déjà fait preuve d'une vigueur singulière et qui ont forcé l'attention par le nombre et la valeur des œuvres présentées par eux au public.

En première ligne il faut nommer M. Alexandre Glazounow, l'élève préféré de M. Rimsky-Korsakow (1). Agé aujourd'hui de trente et un ans, M. Glazounow en avait quatorze lorsqu'il fut confié aux soins de ce maître éminent, et ses progrès furent tels que trois ans après il faisait exécuter à St. Pétersbourg une symphonie dont le succès fut d'autant plus vif que sa jeunesse était connue. Mais sa fécondité n'est pas moins remarquable que ne le fut sa précocité. A l'heure présente M. Glazounow n'a pas publié moins de cinquante et quelques œuvres, pour la plupart d'une haute importance : symphonies, poèmes symphoniques, ouvertures, marches, quatuors, etc. (2).

---

(1) M. Alexandre Glazounow est né le 10 Août 1865.

(2) En voici la liste: quatre symphonies (en *mi* majeur, fa ♯ mineur, *ré* majeur et *mi* ♭); deux ouvertures sur des thèmes grecs empruntés au beau recueil de M. Bourgault-Ducoudray; *Carnaval*, ouverture pour orchestre et orgue; *Stenka Rasine*, poème symphonique (à la mémoire d'Alexandre Borodine); *le Kremlin*, tableau symphonique; deux sérénades pour orchestre; une suite d'orchestre; deux morceaux (*Idylle, Rêverie orientale*) pour orchestre; *la Mer*, fantaisie (orchestre); *la Forêt*, fantaisie (id.); *Des ténèbres à la lumière* (id.), composition dont l'instrumentation est particulièrement chaude, vivace et colorée; *le Printemps*, tableau musical (id.); *A la mémoire d'un héros*, élégie (id.); *Poème lyrique*, andantino (id.); Marche de noces (id.); *Rapsodie orientale* (id.); Cortège solennel (id.); *Chopiniana*, suite (id.); deux Valses (id.); Mazurka (id.); Marche triomphale, pour orchestre et chœurs, écrite à l'occasion de l'Exposition universelle de Chicago en 1893; quintette (en *la*) pour 2 violons alto et 2 violoncelles, l'une des meilleures œuvres du compositeur; trois quatuors pour 2 violons, alto et violoncelle; *Novellettes* (5 morceaux) pour instruments à cordes, composition

Il y a là-dedans du bon grain et de l'ivraie, et tout sans doute n'est pas de la même valeur; mais, outre que plusieurs de ces compositions sont dignes du plus vif intérêt, leur nombre et leur importance donnent la preuve d'un tempérament rare et d'une singulière puissance de conception. Le jeune artiste se fait d'ailleurs remarquer par une extraordinaire habileté de main: on peut dire que le contrepoint n'a pas de secrets pour lui, et il manie l'orchestre avec une sûreté et une aisance prodigieuses. Sa musique, d'abord un peu touffue, un peu épaisse, un peu confuse, s'est éclaircie et éclairée par la suite, à mesure que le compositeur a assagi non seulement ses procédés, mais sa manière de voir et de sentir. Un peu trop enclin, primitivement, à suivre les routes abruptes où il avait vu cheminer MM. Balakirew et César Cui, il se rangerait plutôt aujourd'hui, sans rien sacrifier de son tempérament essentiellement national, dans le sens suivi par Tschaïkowsky en ses dernières années. Ce qui manque encore à M. Glazounow, c'est la clarté, la simplicité lucide; il aime trop la complication, et c'est ce qui fait peut-être que sa musique de piano est inférieure à celle qu'il écrit pour l'orchestre, parce qu'il veut trop exiger de l'instrument. Mais il est doué d'une imagination vive, d'une inspiration abondante, et l'on peut croire de ce jeune maître qu'il sera l'une des gloires de l'avenir. Avec ses qualités rares et son remarquable tempérament, il y a lieu de s'étonner qu'un tel artiste n'ait pas encore songé à tenter la fortune du théâtre.

En regard du nom de M. Glazounow il faut placer celui d'un autre jeune, M. Arensky, dont l'avenir ne paraît guère devoir être moins brillant (1). Fils d'un médecin, celui-ci donna dès son enfance l'indice d'une véritable passion pour l'art musical, car on assure qu'à peine âgé de neuf ans, et encore ignorant de toutes règles, il se mit en tête d'écrire un quatuor instrumental. Placé dans un gymnase de Saint-Pétersbourg pour y faire ses classes, il se fit admettre ensuite au Conservatoire, où il fut élève d'abord de M. Johansen (2),

---

exquise; suite pour instruments à cordes; enfin, un assez grand nombre de morceaux et études de piano, plusieurs mélodies vocales, et quelques morceaux pour violon, ou pour alto, ou pour violoncelle, avec accompagnement de piano.

(1) M. Antoine Arensky est né à Nijni-Novogorod le 11 Août 1861.

(2) M. Johansen est aujourd'hui directeur du Conservatoire de Saint-Pétersbourg.

puis de M. Rimsky-Korsakow, et d'où il sortit en 1882 avec la médaille d'or pour la composition. Il se fit aussitôt connaître par une symphonie et un concerto de piano, exécutés l'un et l'autre avec succès à Saint-Pétersbourg et à Moscou, et fut nommé professeur de contrepoint au Conservatoire de cette dernière ville (1). Depuis lors il a beaucoup écrit, avec des chances diverses, et a conquis une réelle notoriété, particulièrement à Moscou, où il a fait représenter en 1892, non sans succès, un grand opéra, *un Songe sur le Volga*, sur un sujet d'Ostrowski, et en 1895 un ouvrage moins important, *Raphaël*, petit drame musical en un acte composé à l'occasion de la réunion du congrès artistique. Parmi ses autres œuvres, je signalerai en première ligne un excellent trio pour piano, violon et violoncelle (op. 32), d'un style remarquable, écrit avec une rare habileté, et dont le scherzo et l'andante surtout sont exquis, puis deux quatuors pour instruments à cordes, trois suites pour piano à quatre mains (dont une transcrite pour l'orchestre), une cantate pour chœurs et orchestre et quatre pièces pour violon avec piano (2). Après quelques écarts dus à la fougue de la jeunesse, M. Arensky a modéré son élan, et sa manière semble se rapprocher aujourd'hui de celle de Tschaïkowsky, en même temps que l'influence de Schumann se reconnaît dans ses compositions pour le piano.

M. Wihtol paraît être aussi un artiste de tempérament (3). Comme son camarade Arensky il a été, au Conservatoire, élève de MM. Johansen et Rimsky-Korsakow, et il en est sorti avec la médaille d'or. Comme lui aussi il a commencé par être un peu touffu, un peu nébuleux, puis a éclairci et allégé sa manière. Parmi ses compositions pour l'orchestre on cite *la Fête Lhigo*, tableau symphonique sur des thèmes populaires, et surtout une Ouverture dramatique

---

(1) Le directeur du Conservatoire de Moscou est M. Safonow, excellent pianiste de l'école classique et chef d'orchestre de premier ordre.

(2) A cela il faut ajouter: 6 Pièces pour piano (op. 5); Étude, Prélude, Mazurka pour piano (op. 19); *Silhouettes*, pour deux pianos (op. 23); Esquisses pour piano (op. 24); 4 Pièces pour piano (op. 25); *Essais sur des rythmes oubliés* (op. 28), pour piano (1. Logaèdes; 2. Péons; 3. Soniques; 4. Sari; 5. Strophe alcéenne; 6. Strophe saphique); 3 Pièces pour deux pianos (op. 33); Scherzo pour piano; 6 Romances (op. 27). Enfin, M. Arensky a publié un recueil de *mille* exemples pour l'étude pratique de l'harmonie.

(3) M. Joseph Wihtol est né le 26 Juillet 1863.

qui est une page intéressante. Pour le piano il a publié une sonate fort bien faite, 12 préludes et un assez grand nombre de morceaux de genre, puis une douzaine de mélodies sur paroles russes ou allemandes et quelques petites pièces pour violon ou pour violoncelle avec accompagnement de piano.

Ces trois artistes, MM. Glazounow, Arensky et Wihtol, élevés dans les principes du cénacle, s'en sont jusqu'à un certain point dégagés par la suite, pour subir plus ou moins l'influence de Tschaïkowsky, et ont surtout cherché à se former une personnalité. Il est tout un autre groupe, assez nombreux, de jeunes compositeurs qui sont restés fidèles à ces principes, ce qui ne veut pas dire qu'ils soient sans talent, mais simplement qu'ils manquent un peu trop d'originalité. Ce groupe comprend les noms de MM. Liadow, Stcherbatcheff, Sokolow, Alphéraky, Félix et Sigismond Blumenfeld, Kopylow, Antipow, Estaview, Grodski, Gretchaninow, Scriabine, Petrow et Ewald. M. Anatole Liadow (1) a beaucoup écrit, mais peu d'œuvres de quelque importance: pour l'orchestre un Scherzo et une Mazurka (« scène rustique près de la guinguette »), et une scène

finale de *la Fiancée de Messine*, de Schiller, avec chœurs et orchestre; pour le piano nombre de pièces légères, parmi lesquelles on signale surtout la série des *Birouïki* (14 morceaux) et celle des *Arabesques*. On lui doit aussi quelques chœurs, deux recueils de chansons enfantines et quelques mélodies. M. Liadow est, je crois,

---

(1) Né le 12 Mai 1855.

professeur au Conservatoire de Saint-Pétersbourg. — M. Nicolas Stcherbatcheff (1) n'a pas écrit davantage pour l'orchestre, et je crois qu'on ne connaît guère de lui sous ce rapport qu'une Sérénade et deux Idylles; mais il a donné aussi de nombreux morceaux de piano, entre autres une série agréable qui porte le titre de *Féeries et Pantomimes*, et des mélodies russes et allemandes, sur des paroles d'A. Tolstoï et de Henri Heine. — M. Nicolas Sokolow (2) a écrit la musique de *Don Juan*, poème dramatique d'A. Tolstoï. Son bagage de compositeur est intéressant et comprend une Élégie pour orchestre, deux Sérénades pour orchestre à cordes, trois quatuors pour deux violons, alto et violoncelle, une Suite pour violoncelle et piano, divers morceaux pour violon et pour violoncelle avec accompagnement de piano, de nombreux chœurs pour différentes voix, soit *a cappella*, soit avec accompagnement d'orchestre ou de piano, et de nombreuses mélodies. — J'ignore si M. Achille Alphéraky (3) a écrit de la musique instrumentale; mais il a publié plus de soixante mélodies ou romances composées sur des poésies de Pouschkine, A. Tolstoï, Lermontoff, Victor Hugo, Alfred de Musset, Goethe, Henri Heine, etc. Au reste, M. Alphéraky doit être considéré plutôt comme un dilettante, un amateur pratiquant, que comme un artiste de profession. — On doit à M. Alexandre Kopylow (4) une Symphonie (en *ut* mineur), un Scherzo pour orchestre, deux quatuors pour instruments à cordes, des fugues et divers morceaux de piano, enfin plusieurs chœurs soit *a cappella*, soit avec accompagnement de piano, et quelques romances. — A part un Allegro symphonique pour orchestre et trois mélodies, M. Constantin Antipow (5) n'a publié que des études et divers morceaux de piano, d'ailleurs en assez grand nombre. — M. Estaview, qui est fort jeune et qui est sorti il y a quelques années à peine du Conservatoire de Saint-Pétersbourg, est l'auteur, entre autres compositions, d'un *Poème mélancolique* pour orchestre qui a été exécuté à Paris, il y a deux ou trois ans, aux concerts Lamoureux, et qui a été assez bien accueilli. Il a, dit-on,

---

(1) Né le 24 Août 1853.
(2) Né le 26 Mars 1858.
(3) Né le 3 Juillet 1846.
(4) Né le 14 Juillet 1854.
(5) Né le 18 Janvier 1859.

en portefeuille un opéra intitulé *le Voïvode*. — MM. Sigismond et Félix Blumenfeld (1), qui sont tous deux pianistes distingués, ont publié, le second surtout, d'assez nombreuses compositions pour le piano, ainsi que plusieurs mélodies vocales. M. Félix Blumenfeld a

montré même une certaine fécondité. A ses romances, écrites sur des paroles de Lermontoff, Pouschkine, A. Tolstoï, Polonsky, Koltzoff, Byron, il faut joindre des études, nocturnes, impromptus pour le piano et toute une série de préludes dans les vingt-quatre tons de la gamme, avec un grand *Allegro de concert* pour piano et orchestre (en *la majeur*). Tout cela est loin de manquer de valeur et d'intérêt. — M. Boleslas Grodski (2) a déjà livré au public plus de cinquante œuvres, au nombre desquelles plusieurs chœurs *a cappella*, des mélodies, quelques morceaux de piano, et des pièces de genre pour violon et pour violoncelle avec accompagnement de piano.

---

(1) M. Sigismond Blumenfeld est né le 27 Décembre 1852; M. Félix Blumenfeld, le 19 Avril 1863.
(2) Né le 25 Octobre 1865.

— Ancien élève du Conservatoire de Saint-Pétersbourg, M. Alexandre Gretchaninow (1) s'est fait connaître par un quatuor (en *sol*) pour instruments à cordes, divers morceaux de piano, quelques mélodies, et surtout des chœurs *a cappella* d'un heureux caractère. — M. Alexandre Scriabine est un tout jeune pianiste, d'une virtuosité assez habile, que nous avons entendu récemment à Paris, et qui a déjà publié quelques morceaux de piano, ainsi qu'une sonate (en *fa mineur*) et une série de douze études pour cet instrument (2). — Enfin, M. Victor Ewald (3) est l'auteur d'un quatuor (en *ut*) et d'un quintette pour instruments à cordes, auxquels il faut ajouter trois morceaux de violoncelle avec accompagnement de piano.

De tous ceux de ces artistes qui ont surtout écrit pour le piano, — et c'est le plus grand nombre — ceux qui me paraissent le mieux doués, dont les compositions ont le plus de réelle valeur, sont MM. Liadow, Antipow, et surtout Félix Blumenfeld. La plupart d'ailleurs, pour ne pas dire tous, semblent s'inspirer directement de Chopin, quelques-uns de Schumann, et c'est vainement que l'on chercherait chez eux l'originalité, surtout la véritable saveur *russe* qu'on rencontre chez les symphonistes ou les musiciens de théâtre. Il faut ajouter que tous ces *pianistiques* recherchent obstinément l'étrangeté, le compliqué dans l'harmonie, dans la modulation comme dans le dessin proprement musical. Ils semblent ne pas connaître la simplicité, ne pas apprécier les qualités d'un beau chant, bien calme, bien pur. Et ce qui est à remarquer, chez presque tous, c'est leur manque de mesure, c'est l'absence du sentiment de l'équilibre et des proportions; ils font des morceaux interminables, qu'ils établissent sur une formule unique, dont ils ne sortent plus une fois qu'ils l'ont adoptée. Je signale ces graves défauts, sans vouloir en aucun point contester le talent et l'habileté technique de tous ces artistes.

Ces réflexions rappellent à mon esprit le jugement que j'ai entendu porter au point de vue général par un de mes confrères, excellent juge en la matière et fort instruit, sur l'école russe contemporaine. L'expression de ce jugement m'a frappé, par son double caractère de

---

(1) Né le 25 Octobre 1864.
(2) Né le 6 Janvier 1872.
(3) Né le 27 Novembre 1860.

justesse et de justice : — « La plupart des maîtres russes contemporains, disait mon ami, paraissent sous l'influence de Liszt et de Berlioz. Chez eux la préoccupation du pittoresque prime celle de la beauté plastique. Ils en arrivent ainsi à s'attacher même à des effets d'ordre inférieur confinant à ces effets de pure virtuosité qu'on rencontre jusque dans les meilleures pages de Liszt. Leurs productions ont souvent quelque chose de lâché, de démesuré dans les proportions, avec de fréquentes redites qui les font ressembler à des improvisations. Mais il y a chez eux de belles qualités. Quand ils auront fait le tour des romantiques, ils viendront aux classiques, à Bach, à Mozart, à Beethoven, à Mendelssohn, et alors ils donneront des chefs-d'œuvre. L'école russe date d'hier. L'adolescent préfère toujours Lucain à Virgile. C'est seulement dans la maturité que le lettré sait discerner, sentir et aimer la véritable Beauté ». On ne saurait mieux dire, avec plus d'éloquence et d'élégance.

Les artistes dont je viens de citer les noms et d'énumérer les œuvres forment un groupe très compact, très ardent, entreprenant et désireux avant tout d'affirmer la personnalité du jeune art russe. Avec parfois un dédain un peu naïf à l'égard de ce qui s'est fait avant eux (le dédain de l'enfant pour les conseils d'une expérience dont il se rit, parce qu'il ignore les dangers de la vie), ils sont réunis par un ensemble d'idées, de théories, de préceptes communs à tous, qui les animent également et les entraînent vers le but entrevu. C'est là leur force, et c'est précisément cet ensemble de théories, d'idées et de préceptes dont ils sont imbus qui constitue en art ce qu'on peut appeler proprement une école. Que quelques-uns se montrent excessifs dans l'application, qu'ils s'égarent parfois dans la route à suivre, qu'ils exagèrent certains principes, c'est inévitable. Mais on peut dire que tous ont la flamme, que tous ont foi dans le résultat, et c'est cette foi ardente, inébranlable, qui assure le succès final de leurs efforts. On en verra sans doute plus d'un rester en chemin,

Traînant l'aile et tirant le pied,

les facultés n'étant pas égales pour tous, et les moins bien doués se voyant naturellement dépassés par les plus robustes. Mais le travail collectif portera ses fruits, et dès aujourd'hui l'école musicale russe, vaillante et courageuse, nous donne le spectacle et l'avant-goût de ce que lui réserve l'avenir. Il faut ajouter qu'elle a pour elle toutes les chances et tous les bonheurs. A côté de l'encouragement moral qui ne lui a jamais fait défaut, elle a trouvé une aide effective et singulièrement efficace dans la personne d'un commerçant opulent qui s'est constitué son mécène et à qui rien n'a coûté pour la mettre en lumière. C'est ainsi qu'un puissant éditeur de musique, M. Belaïeff, qui s'est fait son protecteur, n'a reculé devant aucun sacrifice pour faire connaître ses œuvres, les répandre et les produire dans les meilleures conditions. Depuis dix ans M. Belaïeff a publié, avec un luxe du meilleur goût, plus de 900 compositions dues aux membres de la jeune école, depuis dix ans il a donné à ses frais environ cinquante concerts, pour la plupart symphoniques, dans lesquels ces compositions ont été exécutées, et c'est enfin lui qui a fait aussi les frais des concerts russes donnés à Paris, dans la salle du Trocadéro, à l'occasion de l'Exposition universelle de 1889. N'avais-je pas raison de dire que la jeune école a tous les bonheurs?

Néanmoins, il est juste de déclarer que l'art russe n'est pas tout entier confiné dans le groupe que j'ai fait connaître. Il existe en Russie un certain nombre d'autres compositeurs qui ont droit à ne pas voir leurs noms rester dans l'oubli, et l'on en peut rappeler aussi certains autres qui les ont devancés. Donnons d'abord un souvenir à tous ces grands seigneurs, dilettantes distingués qui étaient souvent des musiciens pratiquants, et qui ont tant fait pour l'avancement et les progrès de l'art dans leur pays: le prince Georges Galitzine, le prince Youssoupoff, les deux comtes Michel et Joseph Wielhorski, le prince Odoewsky, etc. Il en est, comme les barons Wiettinghoff et Fitinhoff, qui écrivirent même et firent représenter quelques opéras. On peut citer aussi aujourd'hui quelques amateurs non titrés qui se mêlent au mouvement et cultivent l'art pour leur satisfaction personnelle: MM. d'Asantschewsky, Laskowsky, Alexandre Tanéïef, Ladyjewsky, et d'autres que j'oublie sans doute.

Je crois que c'était un dilettante aussi que ce Villebois, qui fit représenter à Saint-Pétersbourg, en 1863, d'ailleurs avec peu de succès, un opéra intitulé *Nataschka;* descendant d'une ancienne famille dont le chef, soldat courageux, fut, dit-on, l'un des compagnons de Pierre le Grand, il a publié un recueil intéressant de chants populaires russes. Dans le même temps, on rencontre les noms de quelques musiciens qui se sont produits au théâtre : Kaschpéroff, qui, après avoir donné en Italie deux ouvrages importants, *Maria Tudor* et *Rienzi*, rentra dans sa patrie, fit représenter en 1867 à Saint-Pétersbourg un opéra intitulé *la Tempête* et devint professeur au Conservatoire de Moscou, où il mourut en 1894 ; Krascopolsky, qui fit jouer un opéra sous le titre de *Lesta;* de Santis, pianiste distingué, qui avait été élève de Henselt, à qui l'on en doit un intitulé *Jermak;* Alexandre Famintzine, professeur au Conservatoire de Saint-Pétersbourg, compositeur doublé d'un critique, qui donna en cette ville deux grands ouvrages, *Sardanapale*, en 1875, un peu plus tard *Uriel Acosta*, et qui est mort au mois de Juillet 1896. Le grand violoncelliste Charles Davidoff, mort lui-même en 1889, ne s'est pas produit au théâtre, mais il a beaucoup écrit, et en dehors de ses nombreuses compositions pour son instrument, on lui doit des suites d'orchestre, quelques morceaux de piano et surtout nombre de mélodies et de *lieder* d'une expression pénétrante ; on sait qu'il avait fondé à Saint-Pétersbourg, avec le violoniste Auer et le pianiste Leschetitzky, une excellente société de musique de chambre, et qu'il fut directeur du Conservatoire et de la Société impériale de musique.

M. Théodore Leschetitzky, dont je viens d'écrire le nom, n'est point Russe, mais, né à Vienne, il est depuis près de trente ans fixé à Saint-Pétersbourg, où il a pris une part personnelle importante au mouvement musical, non seulement comme virtuose et comme compositeur, mais aussi comme professeur, en formant de nombreux élèves, dont la plus remarquable est assurément M.me Annette Essipoff, qui jouit aujourd'hui d'une renommée européenne et qui est professeur au Conservatoire de Saint-Pétersbourg. Parmi les compositeurs qui se sont produits au théâtre en ces dernières années je trouve d'abord le nom de M. Soloview, professeur de théorie de la musique au Conservatoire de Saint-Pétersbourg et critique musical d'un des journaux les plus importants de cette ville (1). Naguère élève de Zaremba à ce même Conservatoire, d'où il sortit avec le grand prix de composition pour une cantate intitulée *la Mort de Samson*, il se fit connaître d'abord par une Ouverture sur un thème national et

---

(1) M. Nicolas Soloview est né à Petrosavodsk (Nord de la Russie), le 27 Avril 1846.

par un poème symphonique, *Russes et Mongols*. Il écrivit ensuite deux opéras: *Vakoula* et *une Maisonnette du quartier de Kolomna*, qu'il ne put faire représenter, mais en fit jouer un troisième, *Cordelia* (1885), dont le livret avait été tiré du beau drame de M. Sardou, *la Haine*. L'œuvre, bien faite, mais sans personnalité, n'obtint qu'un succès d'estime. M. Soloview a publié un certain nombre de romances expressives et caractéristiques. — M. Serge Tanéïew, pianiste remarquable et musicien instruit, qui fut élève de Nicolas Rubinstein à Moscou, où depuis longtemps il est fixé et où il a été un instant directeur du Conservatoire, s'est produit d'abord comme compositeur de musique de chambre en écrivant six quatuors pour piano et cordes. Il a fait représenter en 1895, à Saint-Pétersbourg, une trilogie musicale en huit tableaux, l'*Orestie*, écrite dans un style élevé, mais lourde de forme, et à laquelle on reproche aussi le manque de personnalité. — M. Ippolitow-Ivanow est un artiste distingué, à qui l'on doit quelques compositions symphoniques, entre autres une agréable *Suite Caucasienne*, et deux opéras dont le second, *Asra*, a été représenté à Tiflis en 1890. Comme M. Serge Tanéïew, M. Ippolitow-Ivanow est ce qu'on appelle là-bas un *occidentaliste*, c'est-à-dire que sa musique ne recherche pas absolument le caractère national. Aujourd'hui professeur au Conservatoire de Moscou, il est l'auteur de la cantate officielle qui a été exécutée au Dôme de cette ville pour la cérémonie du couronnement du tsar Nicolas II. Il a publié des morceaux de piano et quelques romances. — M. Michel Ivanow, qui n'est point, je pense, son parent, est, en même temps que compositeur, critique musical du *Nouveau temps*. On connaît de lui une *Suite Orientale* pour orchestre, une suite de ballet, *la Vestale*, aussi pour orchestre, *le Forgeron musicien*, poème de Polonsky, pour chant et piano, plusieurs romances, un *Ave Maria*, etc. — M. Boris Scheel est un amateur pratiquant, très actif comme compositeur, mais dont les œuvres, quoique nombreuses, ne sortent pas, je crois, de l'ordinaire. Il a fait représenter en 1885 un opéra en quatre actes, *le Démon*, en 1886 un autre opéra, *Tamara*, en 1887 un ballet, *la Tulipe de Harlem*, suivi, en 1890, d'un autre ballet, *Zoloucka* (Cendrillon). Il a encore composé un opéra, *Judith*, non joué jusqu'à ce jour, *Jean Damostène*, oratorio, *la Fontaine de Batschisaray*, poème symphonique, *la Russe*, scène populaire, une

Suite fantastique, etc. — M. Jules Bleichmann est aussi un amateur, qui a fait exécuter récemment à Saint-Pétersbourg *Sébastien martyr*, légende religieuse en trois parties pour voix seules, chœur et double orchestre, et qui a fait entendre aussi une Suite d'orchestre et plusieurs romances. — M. Krotkoff a fait représenter en 1886 un opéra italien, *Fiore fatale*, et en 1892 un opéra en un acte intitulé *le Poète*. — Mlle Kaschpéroff, nièce du compositeur dont j'ai parlé plus haut, est une jeune pianiste de tempérament, qui a écrit pour le chant et pour le piano plusieurs œuvres fort estimables. — Un Arménien devenu Russe, Génari Karganoff, professeur de piano à l'École de musique de Tiflis, mort jeune en 1890, s'était fait connaître par de nombreuses compositions pour le piano, et par une série de romances russes qui, si elles péchaient un peu par le style, ne manquaient ni de saveur ni de caractère. — Un autre artiste mort jeune aussi, en 1888, Grégoire Lyschine, avait fait représenter deux opéras d'une valeur assez ordinaire, *le Comte Noudine* et *Don César de Bazan*, et avait écrit quelques pièces symphoniques, ainsi que les paroles et la musique de plusieurs romances. — Quelques compositeurs dont les noms ne sont pas encore sortis de l'obscurité ont encore fait représenter quelques opéras: M. Kazatchenko *le Prince Sérébrény* (Saint-Pétersbourg, 1892); le prince Troubetzkoï *Mélusine* (Moscou, 1895); M. Blaremberg *Touschinzy* (Moscou, 1895); M. Hardenwald *la Puissance de l'amour* (Kharkow, 1895); M. Gartevelde *l'Amour triomphant* (Moscou, 1895); M. Alexandre de Fédoroff *la Fontaine des Pleurs* (Etkatérinoslaw, 1896). — A signaler aussi un jeune pianiste fort distingué, M. Léopold Godowsky, né à Wilna en 1870, qui a écrit pour son instrument un certain nombre de compositions intéressantes; M. Dekerschenk, qui a fait représenter deux opérettes: *Phryné* et *Hadji-Mourad*; M. Laroche, à qui l'on doit une musique symphonique pour la *Carmosine* d'Alfred de Musset; M. Hlavatch, chef d'orchestre de concerts d'été à Saint-Pétersbourg, qui a fait exécuter quelques compositions symphoniques légères; M. Serge Youférow, auteur de romances russes et françaises et de jolis morceaux de piano; deux pianistes élégants, MM. Sapellnikoff et Noskowski, qui ont publié aussi diverses pièces pour leur instrument. Enfin je citerai encore et j'inscrirai pêle-mêle ici, avec le regret de ne pouvoir donner sur eux aucun renseignement, les noms de MM. Pornazansky, Schenck, Touchmalof, Dloussky (ex-élève du Conservatoire de Saint-Pétersbourg, auteur d'une ou deux opérettes), C. de Bach, Liapounow, Lissenko, Kapry, Rakhmaninoff, Conus (ces deux derniers, compositeurs distingués, de l'école de Tschaïkowsky, établis l'un et l'autre à Moscou), Kusnetzow, Nicolas Artciboucheff (auteur de quelques compositions légères pour le piano et pour l'orchestre), Schtchurowsky (qui a écrit un opéra intitulé *Bogdan-Chmelnitzky*, lequel, je crois, n'a pas été représenté), etc.

**

Par tout ce qui précède, on a pu voir quelle est l'intensité du mouvement musical de la Russie actuelle, et que, comme je le disais en commençant ce travail, ce pays est le seul aujourd'hui qui, avec la France, possède une véritable école nationale. Le mouvement n'a pas été seulement pratique, il a été aussi théorique et raisonné, grâce aux importants et intéressants travaux tant critiques qu'historiques du R. P. Razoumowsky, du prince Youssoupoff, d'Oulibicheff, de W. de Lenz, de Sérow, du prince Odoewsky, de MM. Youry Arnold, Hermann Laroche, Vladimir Stassow, César Cui, Morkow, A. Wolff, Longuinow, Vladimir Mikhnévitch, A. Karabanow, P. Arapow, Michel Petoukow, etc.

Mais si ce mouvement est remarquable au point de vue de la création des œuvres, il ne l'est pas aussi complètement en ce qui concerne leur interprétation, du moins pour ce qui a rapport au théâtre. Un de mes amis de Saint-Pétersbourg m'écrivait récemment à ce sujet: « Nous avons eu chez nous très peu de bons chanteurs. Mme Mainvielle-Fodor a débuté à l'Opéra russe sous Alexandre 1er (1); Mme Schoberlechner était une Russe ; vous connaissez le ténor Ivanof. Mme Vorobief-Pétrovna, le contralto, créatrice du rôle de Vania dans *la Vie pour le Tsar*, avait une voix phénoménale, tout comme plus tard Mme Lavrovsky, Mme Léonova avait surtout du tempérament. La basse Pétrof était un artiste accompli ; le baryton Melnikoff, voix prodigieuse, mais peu de goût, tout comme le ténor Nikolsky ; Korsof,

---

(1) Mme Mainvielle-Fodor n'était pas Russe. D'origine hollandaise, elle était née à Paris, et, élevée à Saint-Pétersbourg, où elle avait été emmenée par son père dès l'âge de quinze mois, elle y épousa un acteur français.

bon acteur, avait plus de style que de méthode. M. Figner, le ténor actuel, a plus de goût que de voix, et il en est de même des barytons Prianischnikow et Tartakow. En réalité, on ne chante bien chez nous qu'à l'Opéra italien, supprimé comme scène impériale en 1885, mais rétabli depuis comme théâtre non subventionné. Les cantatrices russes qui ont acquis à ce théâtre une certaine notoriété sont Mmes Boulytchew et Litvinne ». On voit ce qu'il en est. Je me bornerai donc à rappeler simplement les noms de certains chanteurs qui ont occupé ou occupent à l'Opéra russe une situation plus ou moins importante, et qui sont Komissarjewsky, Stravinsky, Ende, Lodi, Sobolef, Mikhaïloff, Orloff, Koriakine, Vassiliew, et Mmes Névédomsky, Kotébétoff, Raab, Stépanow, Santagano-Gortchakoff, Platonow, Bitchourine, Plavina, Vielinskaïa, Pavlovsky, Kartsew-Panaïew.....

Mais si la Russie n'a produit que peu de bons chanteurs, elle prend sa revanche du côté des virtuoses instrumentistes. Il serait superflu de rappeler les exploits de l'admirable pianiste que fut Antoine Rubinstein; son frère Nicolas ne lui cédait guère sous ce rapport, et nos artistes n'ont pas oublié l'effet foudroyant qu'il produisit lorsqu'il se fit entendre en 1878, aux concerts du Trocadéro, où son talent si plein tout à la fois de vigueur et d'élégance fut une révélation. L'école russe de piano est en ce moment très remarquable et comprend les noms de MM. Safonow (élève de Brassin), Serge Tanéïew (élève de Nicolas Rubinstein), Sapellnikoff, Lhévinne, Siloti, Bentsch, Scriabine, Holliday, Igouinoff, et du côté féminin Mmes Annette Essipoff, Bertenson, Timanoff (élève de Tausig), Benois-Ephron (élève de M. Leschetitzky), Poznansky, Yakimowsky et Drueker (toutes trois élèves d'Antoine Rubinstein) et Mlle Kaschpéroff. Pour les violonistes, après avoir rappelé le souvenir du général Lvoff, qui fut un virtuose remarquable, il faut nommer M. Auer, violon-solo du Théâtre Impérial, et ensuite MM. Brodsky, Petchnikoff, Kolakowsky, ainsi que M. Barciewicz, que nous avons entendu à Paris à diverses reprises. Le célèbre violoncelliste Davidoff, mort trop jeune, a laissé une renommée européenne, et l'on cite aujourd'hui M. Versbilovitch, qui, je crois, est son élève. Les deux frères Rubinstein, l'un et l'autre chefs d'orchestre de premier ordre, n'ont pas été remplacés sous ce rapport, et il ne paraît pas, malgré leurs désirs et leurs efforts en ce sens, que MM. Rimsky-Korsakow, Glazounow, Jean Davidoff (neveu du violoncelliste) et Krousehevsky soient appelés à hériter de leur habileté. Seul, dit-on, M. Safonow possède les vraies qualités du chef d'orchestre, bien supérieur en cela à M. Vinogradsky; nous avons pu apprécier ici l'un et l'autre, et la supériorité du premier nous paraît en effet démontrée. Je n'ai pas à revenir sur le compte de M. Napravnik, dont j'ai eu l'occasion de parler précédemment. Enfin, MM. Théodore Becker et Arkhanguelsky se sont fait comme chefs de chœur une réputation méritée; on les considère comme supérieurs à M. Dimitri Slaviansky d'Agreneff, qui néanmoins a parcouru l'Europe avec succès à la tête de son personnel.

Non seulement — et tout ce qui précède le démontre suffisamment — non seulement la musique symphonique est en grand honneur en Russie, mais aussi la musique de chambre, c'est-à-dire le quatuor, qui y est également très cultivée, de sorte qu'avec l'opéra ce pays possède les trois grandes formes par lesquelles la musique se manifeste dans l'ordre le plus élevé. En résumé, le mouvement est complet, les compositeurs l'entretiennent avec une étonnante ardeur et une activité rare, les interprètes ne leur manquent plus, les Conservatoires de Saint-Pétersbourg et de Moscou leur formant chaque jour de solides exécutants, enfin le public s'instruit et s'initie aux beautés les plus nobles et les plus sévères de l'art (1). Si bien que l'école russe, mettant à profit les trois cents ans de travaux préliminaires des trois écoles occidentales qui l'ont précédée, n'ayant pas à perdre son temps en essais inutiles et parfois décourageants, ayant d'autre part à sa disposition, grâce à sa musique populaire, d'un caractère si original et dont elle se sert avec tant d'habileté, un élément nouveau et d'une grande puissance à introduire dans l'art, l'école russe, dis-je, aujourd'hui en pleine efflorescence, semble appelée à un avenir vraiment glorieux, et qui sait? peut-être à renouveler les formes de cet art si mobile, et à prendre victorieusement la tête du grand mouvement musical européen.

---

(1) Il y a aussi un Conservatoire à Varsovie, ainsi que des écoles de musique à Tiflis et, je crois, à Kharkow, à Kiew, à Riga et à Odessa.

Libreria Editrice FRATELLI BOCCA — *Torino*

Rivista Musicale Italiana

Condizioni d'Associazione:

La *Rivista* si pubblica in fascicoli trimestrali di 150 pagine circa.
Prezzo del fascicolo separato Lire 4,50.
Abbonamento annuo per l'Italia L. 12. — Per l'Unione L. 14.

Sommario delle due prime annate 1894-95:

Volume I. — 1894

MEMORIE:

Ai lettori - La Direzione. — **L. Torchi.** L'accompagnamento degl'istrumenti nei Melodrammi italiani della prima metà del Seicento. — **A. Ernst.** Le motif de l'*Épée* dans "la Walkyrie". — **O. Chilesotti.** Di Hans Newsidler e di un'antica intavolatura tedesca di Liuto. — **G. Tebaldini.** Giovanni Pierluigi da Palestrina. — **E. de Schoultz Adaïewsky.** La Berceuse Populaire. — **F. X. Haberl - G. Lisio.** Una Stanza del Petrarca musicata dal Du Fay. — **G. Lisio.** Musica e Poesia (osservazioni alla Stanza del Petrarca). — **N. d'Arienzo.** Salvator Rosa musicista e lo stile monodico da camera. — **J. de Crozals.** Essai de notation musicale des odes d'Horace. — **O. Chilesotti.** Una canzone celebre nel cinquecento. — **A. Jullien.** Hector Berlioz. — **L. Torchi.** Canzoni ed arie italiane ad una voce nel secolo XVII. — **A. Ernst.** Le motif du *Héros* dans l'œuvre de R. Wagner. — **A. Sandberger.** Orlando di Lasso.

ARTE CONTEMPORANEA:

A. Jullien. A propos de la mort de Charles Gounod. — **G. Tebaldini.** Gounod autore di Musica Sacra. — **R. Giani - A. Engelfred.** " I Medici ,, di R. Leoncavallo. — **C. Lombroso.** Le più recenti inchieste scientifiche su i suoni e la musica. — **G. Jachino.** Wagner è degenerato? — **L. Torchi.** Carlo Pedrotti. — **R. Giani.** Note sulla Poesia per musica. — **G. P. Chironi.** L'opera musicale e la legge sui diritti di autore. — **A. Ernst.** Thaïs de J. Massenet. — **M. Kufferath.** Hans Guido von Bulow. — **J. Courtier.** Questionnaire sur la mémoire musicale. — **M. Pilo.** La musica nella classificazione delle arti. — **A. Engelfred.** Hänsel e Gretel. — **F. Draeseke.** Riccardo Wagner poeta drammatico. — **C. Lombroso.** La sordità fra i musicisti. - Sugli effetti psichici della musica. **M. Griveau.** Le sens et l'expression de la musique pure. — **La Direzione.** Il teatro lirico internazionale (con 4 tavole e parecchie incisioni nel testo).

Volume II. — 1895

MEMORIE:

A. Restori. Per la storia musicale dei trovatori provenzali. — **G. C. Hirt.** Autografi di G. Rossini. — **L. Pistorelli.** I melodrammi giocosi del Casti. — **S. Jadassohn.** L'art de la fugue de J. S. Bach. — **I. A. Fuller-Maitland.** Henry Purcell. — **J. Combarieu.** Le Charlatanisme dans l'Archéologie musicale au XIXe siècle et le problème de l'origine des neumes. — **G. Roberti.** Donizettiana. — **A. Pougin.** Jean-Jacques Rousseau musicien. — **L. Torri.** Una lettera inedita del Padre Giambattista Martini. — **L. Torchi.** R. Schumann e le sue " Scene tratte dal *Faust* di Goethe ,,. — **E. de Schoultz Adaïewsky.** La Berceuse Populaire. — **Mathis Lussy de Stans.** Du rythme dans l'hymnographie latine. — **N. D'Arienzo.** Origini dell'Opera comica. — **L. Torchi.** L'accompagnamento degli Istrumenti nei melodrammi italiani della prima metà del Seicento.

ARTE CONTEMPORANEA:

R. Giani. *Savitri*, Idillio drammatico indiano in tre atti, di N. Canti, versi di L. A. Villanis. — La poesia. — **L. Torchi.** Id. id. — La musica. — **F. Draeseke.** Anton Rubinstein. — **L. Torchi.** *Guglielmo Ratcliff* di P. Mascagni. — **A. Engelfred.** *Hulda* di C. Franck. — **E. Hanslick.** Billroth. — **C. Sincero.** L'organo e la religione. — **W. Mauke.** Il primo dramma importante della scuola di Wagner. — **A. Ernst.** *Tannhæuser* à Paris. — **M. Pilo.** La prosa e la poesia della musica. — **W. Mauke.** Il primo ciclo delle rappresentazioni wagneriane a Monaco. — **C. Levi.** La geotopografia e la canzone popolare.

Inoltre ogni volume contiene:

Recensioni. - Note Bibliografiche. - Spoglio dei Periodici. - Notizie. - Elenco dei Libri. - Elenco della Musica.

Libreria Editrice FRATELLI BOCCA — Torino

Rivista Musicale Italiana

Sommario della terza annata 1896:
Volume III.

MEMORIE:

G. Adler. I « Componimenti musicali per il Cembalo » di Teofilo Muffat, e il posto che essi occupano nella storia della *Suite* per Pianoforte. — **A. Pougin.** Essai historique sur la musique en Russie. — **E. Gariel.** Il ritmo e l'interpretazione nelle opere di Chopin. — **A. Restori.** Per la storia musicale dei Trovatori provenzali. — **L. Pistorelli.** Due melodrammi inediti di Apostolo Zeno. — **L. Torri.** Vincenzo Ruffo madrigalista e compositore di musica sacra del secolo XVI. — **M. Griveau.** L'interprétation artistique de l'Orage. — **G. Roberti.** La musica negli antichi eserciti sabaudi. — **R. Gandolfi.** Alcune considerazioni intorno alla riforma melodrammatica a proposito di Giulio Caccini detto Romano.

ARTE CONTEMPORANEA:

R. Giani. Per l'arte aristocratica. — **L. Torchi.** La sinfonia in *Re minore* di G. Martucci. — **M. Griveau.** La musique sans paroles et son lien avec la parole. — **G. C. Ferrari.** Un caso rarissimo di suggestione musicale. — **M. L. Patrizi.** Primi esperimenti intorno all'influenza della musica sulla circolazione del sangue nel cervello dell'uomo. — **A. Fouillée.** La nature et l'évolution de l'art. — **L. Torchi.** Una giustificazione necessaria. — **C. Giovannini.** La riforma della musica sacra in Italia dopo il Decreto ed il Regolamento del luglio 1894. — **A. Jullien.** Ambroise Thomas. — **G. P. Chironi.** Il « Parsifal » e il « Barbiere di Siviglia » nel movimento legislativo pel « diritto d'autore ». — **L. Torchi.** *Ghismonda* di D'Albert. — **G. Perrod.** La sensibilità meteorica di Wagner. — **A. Ernst.** La représentation de Bayreuth. — **O. G. Sonneck.** La nuova rappresentazione del *D. Giovanni* di Mozart a Monaco. — **R. Giani.** Senza titolo. — **G. Tebaldini.** Edgard Tinel.

Inoltre ogni volume contiene:

Recensioni. - Note Bibliografiche. - Spoglio dei Periodici. - Notizie. - Elenco dei Libri. - Elenco della Musica.

NB. Sono in vendita queste tre annate.
Tre grossi vol. in-8° L. 15 caduno.

ALFREDO COLOMBANI
Le Nove Sinfonie di Beethoven
Un volume di oltre 280 pagine - L. 4.

HANS VON WOLZOGEN
RICCARDO WAGNER
L'ANELLO DEL NIBELUNGO
L'oro del Reno - La Walkiria - Siegfried
Il Crepuscolo degli Dei.

Guida Musicale.
Un volume di 130 pagine - L. 1,50.

www.ingramcontent.com/pod-product-compliance
Lightning Source LLC
Chambersburg PA
CBHW060136100426
42744CB00007B/804